Gröls Verlage

„BÜCHER SIND WIE FALLSCHIRME. SIE NÜTZEN UNS NICHTS, WENN WIR SIE NICHT ÖFFNEN.“

Gröls Verlag

Redaktionelle Hinweise und Impressum

Das vorliegende Werk wurde zugunsten der Authentizität sehr zurückhaltend bearbeitet. So wurden etwa ursprüngliche Rechtschreibfehler *nicht* systematisch behoben, denn kleine Unvollkommenheiten machen das Buch – wie im Übrigen den Menschen – erst authentisch. Mitunter wurden jedoch zum Beispiel Absätze behutsam neu getrennt, um den Lesefluss zu erleichtern.

Um die Texte zu rekonstruieren, werden antiquarische Bücher von Lesegeräten gescannt und dann durch eine Software lesbar gemacht. Der so entstandene Text wird von Menschen gegengelesen und korrigiert – hierbei treten auch Fehler auf. Wenn Sie ebenfalls antiquarische Texte einreichen möchten, finden Sie weitere Informationen auf www.groels.de

Viel Freude bei der Lektüre wünscht Ihnen das Team des Gröls-Verlags.

Adressen

Verleger: Sophia Gröls, Im Borngrund 26, 61440 Oberursel

Externer Dienstleister für Distribution & Herstellung: BoD, In de Tarpen 42, 22848 Norderstedt

Unsere „Edition | Werke der Weltliteratur“ hat den Anspruch, eine der größten und vollständigsten Sammlungen klassischer Literatur in deutscher Sprache zu sein. Nach und nach versammeln wir hier nicht nur die „üblichen Verdächtigen“ von Goethe bis Schiller, sondern auch Kleinode der vergangenen Jahrhunderte, die – zu Unrecht – drohen, in Vergessenheit zu geraten. Wir kultivieren und kuratieren damit einen der wertvollsten Bereiche der abendländischen Kultur. Kleine Auswahl:

Francis Bacon • Neues Organon • **Balzac** • Glanz und Elend der Kurtisanen • **Joachim H. Campe** • Robinson der Jüngere • **Dante Alighieri** • Die Göttliche Komödie • **Daniel Defoe** • Robinson Crusoe • **Charles Dickens** • Oliver Twist • **Denis Diderot** • Jacques der Fatalist • **Fjodor Dostojewski** • Schuld und Sühne • **Arthur Conan Doyle** • Der Hund von Baskerville • **Marie von Ebner-Eschenbach** • Das Gemeindekind • **Elisabeth von Österreich** • Das Poetische Tagebuch • **Friedrich Engels** • Die Lage der arbeitenden Klasse • **Ludwig Feuerbach** • Das Wesen des Christentums • **Johann G. Fichte** • Reden an die deutsche Nation • **Fitzgerald** • Zärtlich ist die Nacht • **Flaubert** • Madame Bovary • **Gorch Fock** • Seefahrt ist not! • **Theodor Fontane** • Effi Briest • **Robert Musil** • Über die Dummheit • **Edgar Wallace** • Der Frosch mit der Maske • **Jakob Wassermann** • Der Fall Maurizius • **Oscar Wilde** • Das Bildnis des Dorian Grey • **Émile Zola** • Germinal • **Stefan Zweig** • Schachnovelle • **Hugo von Hofmannsthal** • Der Tor und der Tod • **Anton Tschechow** • Ein Heiratsantrag • **Arthur Schnitzler** • Reigen • **Friedrich Schiller** • Kabale und Liebe • **Nicolo Machiavelli** • Der Fürst • **Gotthold E. Lessing** • Nathan der Weise • **Augustinus** • Die Bekenntnisse des heiligen Augustinus • **Marcus Aurelius** • Selbstbetrachtungen • **Charles Baudelaire** • Die Blumen des Bösen • **Harriett Stowe** • Onkel Toms Hütte • **Walter Benjamin** • Deutsche Menschen • **Hugo Bettauer** • Die Stadt ohne Juden • **Lewis Caroll** • *und viele mehr….*

Ovid

Liebeskunst

Inhalt

Erstes Buch

Wer in dem Römischen Volk die Kunst zu lieben nicht kennet,
  Lese nur mich, und belehrt lieb' er nach meinem Gedicht.
Kunst regiert das hurtige Schiff mit Segel und Ruder;
  Kunst das leichte Gespann : Amor'n auch lenke die Kunst.
Tauglich Autómedon war für Wagen und biegsame Zügel;
  Unter des Tiphys Befehl fuhr das Hämonische Schiff.
Mich hat Venus bestellt dem zarten Amor zum Bildner;
  Amors Autómedon wird nennen und Tiphys man mich.
Wild zwar ist er und oft zu widerstreben geneigt mir,
  Aber ein Knab', ein Kind, leicht zu regieren und weich.
Chiron bildete aus den Knaben Achill auf der Cither,
  Und mit gewinnender Kunst brach er den störrigen Sinn.
Der die Genossen so oft, so oft die Feinde erschreckte
  Soll gar mächtige Furcht haben gehabt vor dem Greis.
Und die Hände, die einst ein Hector sollte empfinden,
  Hielt zu Schlägen er hin, wann es der Lehrer gebot.
Chiron lehrte Achill, ich bin der Lehrer des Amor,
  Beides Knaben gar wild, Göttinnen beide entstammt.
Aber vom Joche doch wird auch der Nacken des Stieres belastet;
  Und das muthige Roß kaut mit dem Zahne den Zaum.
Amor auch soll sich mir geben, so schwer er das Herz mit dem Boge
  Auch mir verwundet und weit schüttelt die Fackeln im Kreis.
Je gewaltsamer traf, je heftiger Amor mich brannte,
  Desto entschiedener will Rächer der Wunde ich sein.

Nicht daß, Phöbus, von dir mir Künste verliehen, erlüg' ich;
Noch vom Laute gemahnt werd' ich der Vögel der Luft;
Noch sind Clio mir und die Schwestern erschienen der Clio,

Während in deinen Au'n, Ascra, ich Herden bewacht.
Lehrerin ist die Erfahrung. Gehorcht dem erfahrenen Sänger.
Wahrheit sing' ich. O hilf, Mutter Cupidos, dem Werk!
Weg, ihr Zeichen der Schaam, ihr dünnen Binden und lange

Festlich die Göttin verehrt ihr Latiums Mütter und Töchter,
Und ihr, denen gebricht Binde und langes Gewand.

Wenn die Binde auch nicht das gefesselte Haar und die lange
Stola den Fuß nicht hemmt, lehre nur züchtig sie sein.

Es will anrühren ja Mancher nur Jene,
Deren Knöchel bedeckt am besetzten Gewande die Falbel.

Falbel du, die du den Fuß bis in die Mitte bedeckst!
Ich will sichern Genuß und gestattetes Naschen nur singen;
Und in meinem Gedicht werden Verbrechen nicht stehn.
Erstens trachte danach, was lieben du möchtest, zu finden,
Der du zum ersten Mal Waffen als Neuling ergreifst.
Nächstes Bestreben dann ist, die gefallen dir hat, zu erbitten.
Drittens, daß lange Zeit habe die Liebe Bestand.
Diesen Bereich, dies Feld wird unser Wagen befahren,
Halten auf dieses Ziel müssen das stürmende Rad.
Während du frei noch vom Zaum kannst hierhin gehen und dorthin,

Wähle, wo sagen du magst: Du, du gefällst mir allein.
Nicht wird diese herab durch die Luft geflogen dir kommen;
Eigene Augen erspähn müssen die Passende dir.
Weiß der Jäger ja doch, wo Netze den Hirschen er spanne,
Weiß, wo liegen im Thal bissige Eber versteckt.
Voglern sind die Gebüsche bekannt; wer führet die Angel,
Kennt das Wasser, worin Fische sich tummeln zu Haus.
Du auch, suchest du Stoff zu lang aushaltender Liebe,
Schaue zuvor, wo viel Mädchen sich finden, dich um.
Nicht dem Suchenden werd' ich rathen, die Segel zu spannen;
Nicht langwieriger Weg thut dir zum Finden erst Noth.
Perseus holt' Andrómeda her von den schwärzlichen Indern,
Und von dem Phrygier so wurde die Griechin geraubt.
So viel reizende Mädchen ja wohl wird Roma dir bieten,
Daß du gestehst: Es hat Roma die Schätze der Welt.
So viel Gárgara Saaten besitzt und Reben Methymna;

Gárgara selbst bewundert die eigenen Ernten. –

So viel Fische inr Meer, Vögel sich bergen im Laub;
So viel Sterne der Himmel: so viel hat Roma der Mädchen;
Ihres Äneas Stadt segnet die Mutter noch fort.
Wirst du vom ersten und noch frisch knospenden Alter gefesselt,
Wird dein forschender Blick finden ein wirkliches Kind.
Wünschest du eine Erwachsne, es werden dir tausend gefallen;

Ganz zu vergessen den Wunsch wirst du genöthigt dich sehn.
Oder erfreut dich vielleicht das späte und weisere Alter:

Das auch, glaube mir, wird's geben in reichlichem Maß.
Schlendre nur lässig umher im Pompejanischen Schatten,
Wann des Herculischen Leus Rücken die Sonne betritt;
Oder auch wo den Gaben des Sohns die ihren die Mutter
Beigefüget; ein Werk, reich an der Fremde Gestein.
Meide die Halle auch nicht, besät mit alten Gemälden,
Die von der Stifterin man Halle der Livia nennt,
Und wo, Mord an den Vettern zu üben bereit, die Beliden
Stehn, und der Vater dabei, wild mit gezogenem Schwert.
Auch vermisse dich nicht Adonis, von Venus bejammert;
Noch des Jüdischen Volks Opfer am siebenten Tag;
Noch der linnenbekleideten Kuh Memphitischer Tempel:
Sie macht Viele dazu, was sie dem Jupiter war.
Passend für Amor auch sind – wer sollte es glauben? – die Fora;
Oft gefunden schon ward Lieb' auf dem lärmenden Markt.
Wo, errichtet am Fuß des Marmortempels der Venus,
Mit aufspritzender Fluth Appias peitschet die Luft,
Das ist ein Ort, wo oft der Berather von Amor gefahn wird,
Und, der Andre geschützt, selber sich schützen nicht kann.
Das ist ein Ort, wo oft dem Redner gebrechen die Worte,
Neue Fälle entstehn, eigene Sache es gilt.
Ueber ihn lacht aus dem Tempel, der nahe gelegen, die Göttin.
Der noch Beschützer vorher, wünscht nun der Schützling zu sein.
Lege dich aber zumeist auf die Jagd in dem Amphitheater;
Günstiger ist der Ort, als du es wünschen nur kannst.
Da triffst Mädchen du an zum Lieben sowohl als zum Spielen,
Mädchen zu kurzem Genuß, Mädchen zu stetem Besitz.

Wie da in langem Zug Ameisen kommen und gehen,
Im korntragenden Maul schleppend das übliche Mahl;
Oder wie, wann sie erreicht ihr Feld und duftige Weide,
Bienen auf Blumen umher schwärmen und Thymiankraut.
Also stürzet das Weib in prangendem Schmuck zu den Spielen.
Oft die Menge schon hat meine Entscheidung erschwert.
Da erscheint man, zu sehn; man erscheint, sich sehen zu lassen.

Nachtheil bringt der Ort züchtiger Schaam und Gefahr.
Romulus hat zuerst die besorglichen Spiele gegründet,
Als der Sabinerin Raub einsamen Männern gefrommt.
Damals hingen noch nicht Vortücher auf marmornem Schauplatz,
Hatte die Bühne nicht roth flüssiger Safran gefärbt.
Zweige nur waren allda, die Palatiums Haine getragen,
Einfach gesteckt; kunstlos stellte die Bühne sich dar.
Stufen, von Rasen gemacht, da dienten dem Volke zu Sitzen;
Laub von jeglicher Art deckte das struppige Haar.
Überall sieht ein Jeder sich um und merkt sich ein Mädchen,
Welches er wünscht; und viel denkt man in schweigender Brust.
Während zur rauhen Musik des Tuscischen Pfeifers der Spieler
Dreimal nun mit dem Fuß stampft den geebneten Plan;
Da gab mitten im Klatschen – das Klatschen entbehrte der Kunst noch –
Gab der König dem Volk Zeichen die Beute zu fahn.
Plötzlich springen sie auf, durch Geschrei die Gesinnung verrathend,
Und an die Mädchen zumal legen sie gierig die Hand.

Wie vor dem Adler entflieht das schüchterne Völkchen der Tauben,
Oder das zarte Lamm vor dem gesehenen Wolf:
Also fürchteten diese die wild anstürmenden Männer;
Keine die Farbe behielt, welche zuvor sie gehabt.
Denn die Furcht war gleich, nicht gleich die Miene der Furcht nur:
Diese zerraufen das Haar, Andere sitzen entseelt;
Diese ist stumm vor Schmerz, umsonst ruft Jene die Mutter;
Die klagt, Die ist starr; Die bleibt, Jene entflieht.
Fort führt man den erfreulichen Raub, die erbeuteten Mädchen;
Und wohl vielen verlieh Reize gerade die Furcht.
Sträubte sich Eine zu sehr und weigerte sich des Begleiters,
Nahm der Mann sie und trug selbst sie an sehnender Brust,
Sprechend: Warum doch verdirbst du mit Thränen die reizenden Augen?
Will ich dir das doch, was Vater der Mutter ist, sein.
Romulus, du nur verstandest Gewinn den Soldaten zu schaffen:
Willst du mir solchen Gewinn schaffen, so werd' ich Soldat.
Ja, es bleiben gewiß die festlich besuchten Theater
Nach damaliger Art Schönen gefährlich noch jetzt.
Laß dir entgehen auch nicht den Wettkampf edeler Rosse;
Der volkswimmelnde Kreis bietet dir reichen Gewinn.
Nicht der Finger bedarf es, durch die du Geheimes besprachest;
Noch ein Zeichen auch brauchst du zu empfangen durch Wink:
Setze, da Keiner es wehrt, dich dicht ganz zu der Erwählten;
Schmiege, so eng du nur kannst, Seite an Seite dich an.
Gut, daß, wenn sie nicht will, zur Vereinigung nöthigt die Linie,

Daß du berühren sie mußt nach dem Gesetze des Orts.
Anzuknüpfen nun suchst du den Faden geselliger Rede;
Und des Gespräches Beginn mach' ein gewöhnliches Wort.
Magst mit Eifer erkundigen dich, weß Rosse da kommen.
Wem sie hold, dem sei du es auch, wer es auch ist.
Aber erscheinet der Zug im Gedräng wetteifernder Jugend,
Klatsche mit günstiger Hand Venus, der Herrscherin, zu.
Und wenn, wie es geschieht, auf den Schooß Staub sollte dem Mädchen
Fallen, so streiche den Staub ihr mit den Fingern hinweg.
Und wenn keinen es giebt, so streiche hinweg doch den keinen,
Jede Gelegenheit sei Dienste zu leisten dir recht.
Schleppt, heruntergelassen zu weit, auf dem Boden der Mantel,
Nimm von der schmutzigen Erd' ämsig erraffend ihn auf
Alsbald wird zur Belohnung der Müh', indem sie es duldet,
Deinen Augen das Glück werden die Schenkel zu sehn.
Siehe zudem dich um, daß ihr den schwellenden Rücken
Nicht anstemmend das Knie drücke, wer hinter euch sitzt.
Kleines gewinnt ein leichtes Gemüth. Es nützte schon Manchem,
Wenn er gefälliger Hand legte das Kissen zurecht;
Wenn mit dem dünnen Fächer die Luft er brachte in Strömung.
Stützenden Schemel ihr gab unter den reizenden Fuß.
Solche Gelegenheit beut zu neuer Liebe der Circus
Dar und der traurige Sand auf dem gefährlichen Plan.
Auf *dem* Plane schon oft hat Venus' Knabe gestritten;
Und verwundet ist der, welcher die Wunden geschaut.
Während er spricht und greift nach der Hand und fordert die Tafel,

Setzet das Pfand und fragt, welcher von beiden wol siegt:
Hat er, verwundet, erseufzt und gefühlt den beflügelten Pfeil schon,
Ist des gesehenen Spiels selber geworden ein Theil.

Ja, als Cäsar jüngst aufführte im Bilde der Seeschlacht
Persische Schiffe zusammt Schiffen aus Cecrops' Gebiet;
Kamen von beiderlei Meer die Jünglinge, kamen die Mädchen;
Und es befand in der Stadt sich der gewaltige Staat.
Wer hat da in dem Schwarm nicht, was er liebe, gefunden?
Ach, wie viele nicht hat Lieb' aus der Fremde gequält!
Sieh, zur gebändigten Welt, was fehlt noch, zu fügen, bereitet
Cäsar sich . Unser nun wirst, äußerster Osten, du sein.
Büßen sollst du, o Parther: frohlockt, ihr begrabenen Crassus;
Fahnen auch, die ihr zum Schimpf fielt in Barbarengewalt.
Da ist der Rächer, ein Held, mit den ersten Waffen gerüstet,
Führt, noch Knabe, den Krieg, nicht für den Knaben gemacht.
Spart, ihr Verzagten, es euch, die Jahre zu zählen der Götter;
Männlicher Sinn vor der Zeit ward den Cäsaren zu Theil.
Himmlischer Geist erhebt sich, voraus den eigenen Jahren
Eilend, und duldet nur schwer trägen Verzuges Verlust.
Klein noch war der Tirynthische Held und erdrückt' in den Händen
Schlangen; und Jupiters werth war in der Wiege er schon.

Der du ein Knabe noch jetzt, wie groß warst, Bacchus, du damals,
Als sich vor deinem Stab Indien beugte, besiegt!
Führen mit Segen und Muth des Vaters wirst du die Waffen,
Knabe; mit Segen und Muth siegen des Vaters im Kampf.
Solche Erprobung bist so großem Namen du schuldig;
Jetzt der Jünglinge Haupt wirst du, der Greise dereinst.
Rache, da Brüder du hast, nimm für die beleidigten Brüder;
Da ein Vater dir lebt, schütze des Vaters Gebiet.
An dir legt der Vater des Lands und deiner die Waffen;
Unbesieget beraubt sieht sich der Vater vom Feind.
Du wirst Waffen der Pflicht, er führen die Pfeile des Frevels;
Her vor deinem Panier gehen das Recht und die Pflicht.
Rechtlich erliegt der Parther, er unterlieg' auch in Waffen;
Und mit des Ostens Gebiet Latium mehre mein Held.
Vater Mars, gieb Segen, und Vater Cäsar, dem Zuge.
Gott ist Jener, und sein wird es der Andre von euch.

Ja, ich seh' es, du siegst; die gelobten Lieder entricht' ich,
Und in erhabenem Ton wirst du gesungen von uns.
Stand denn gefaßt und die Schlacht mit meinen Worten begeistert!
Möge nur deinem Muth würdig entsprechen mein Wort.
Singen werd' ich die Brust der Römer, den Rücken der Parther,
Pfeile, die sendet der Feind von dem gewendeten Roß.
Der, um zu siegen, du fliehst, was bleibt dir, Parther, besiegt

dann?
Parther, es deutet dein Kampf jetzt schon auf schlimmen Erfolg.
Drum wird kommen der Tag, wo prangend in Gold, o Erhabner,
Ziehen du wirst mit vier schneeigen Rossen daher.
Ziehen dir werden voran die Führer mit Ketten belastet,
Daß sie nicht suchen ihr Heil können, wie früher, in Flucht.
Zusehn werden vergnügt die Bursche vereint mit den Mädchen,
Und der Tag wird hoch Allen erfreuen das Herz.
Und wann Manche davon nach den Namen der Könige forschet,
Was für Örter und Berg' oder Gewässer man trägt;
Gieb auf Alles Bescheid; auch warte nicht erst auf die Frage.
Auch was wissen du nicht solltest, erzähl' als bekannt.
Das ist der Euphrat hier, mit Rohr umkränzet die Stirne;
Den mit dem bläulichen Haar lasse den Tigris du sein,
Nenne Armenier *die*; das ist der Dánae Persis;
Eine Stadt war dies in Achämenischer Au.
Der und der sind Häupter; du wirst angeben schon Namen:
Wahre. wofern du es kannst; passende aber, wo nicht.
Schmäuse auch bahnen den Weg an den lang hinstehenden Tafeln;
Da zu erholen Etwas giebt es noch außer dem Wein.
Da zog oft an den Hörnern den aufgetragenen Bacchus

Amor, der rosige, zwang ihn mit dem niedlichen Arm.
Sind vom Weine besprengt die durstigen Flügel Cupidos,
Nimmt er Stellung und steht fest und voll Würde am Platz.
Zwar es schüttelt behend das feuchte Gefieder Cupido;
Doch daß Liebe die Brust auch nur besprengte, ist schlimm.
Wein erreget das Herz und macht es für Liebe empfänglich;
Sorge entflieht; hinweg spült sie der reichliche Wein.
Dann kommt Lachen und Lust, dann wachsen die Hörner dem Armen,
Dann weicht Kummer und Schmerz, weichen die Runzeln der Stirn.
Dann schließt auf ihr Herz die in unseren Zeiten so seltne
Einfalt, während der Gott alle Verstellung verscheucht.
Da hat oft schon geraubt das Herz dem Jüngling das Mädchen;
Venus war in dem Wein, Feuer in Feuer, versteckt.
Da gieb Glauben du nicht zu viel der betrüglichen Lampe;
Denn der Schönheit Gericht schaden die Nacht und der Wein.
Tag war's, heitere Luft, da Paris die Göttinnen schaute,
Und zu Venus er sprach: Beide besiegest du sie.
Nachts entziehn sich die Fehler, und jedem Gebrechen verzeiht man:
Schön macht nächtliche Zeit Jegliche, wie sie auch sei.
Über den Edelstein, die Wolle, gefärbt mit der Schnecke,

Über Gesicht und Leib ziehe zu Rathe den Tag.
Was soll auf ich dir zählen die Frauenvereine zu Jagden
Passend? mit meiner Zahl kann sich nicht messen der Sand.
Was soll Bajä ich nennen, den Strand mit Segeln verbrämet,
Und das Wasser, das heiß dampft von des Schwefels Gehalt?
Hier wegtragend die Wund' in der Brust hat Mancher gesagt schon:
Nicht entsprechend dem Ruf hat sich das Wasser bewährt.
Siehe nicht weit von der Stadt den Tempel Dianens im Walde,
Und das Reich, das erwirbt schuldige Faust mit dem Schwert!
Diese, dieweil sie haßt die Pfeile Cupidos als Jungfrau,
Schlug der Wunden schon viel, wird sie noch schlagen dem Volk.
Soweit lehrt, ungleichen Gespanns hinrollend, Thalia,
Wo du zu wählen ein Lieb hast und zu stellen das Netz.
Jetzt die besondere Kunst, durch welcherlei Mittel zu fahn sei,
Die gefallen dir hat, bin ich zu lehren bemüht.
All' ihr Männer umher, neigt zu mir gelehrige Ohren;
Komme herbei, o Volk, meinem Versprechen geneigt.
Faß im Herzen zuerst das Vertraun, daß alle sich lassen
Fahn, und du wirst sie fahn; spanne die Netze nur aus.
Eher wol schwiegen die Vögel im Lenz, die Cicaden im

Sommer,
   Kehrte den Rücken dem Wild zu der Mänalische Hund;
Als ein Mädchen, mit Schmeicheln versucht, sich entzöge dem Jüngling.
   Die auch, von der du glaubst, daß sie nicht wolle, sie will.

Gleichwie dem Mann die verstohlene Lust, so schmeckt sie dem Weib auch;
   Übel verhehlt es der Mann, stiller begehret das Weib.
Einig seien die Männer, zuerst nicht Eine zu bitten;
   Ist gewonnen das Weib, ist es zu bitten an ihr.
So auf dem grasigen Plan brüllt zu das Weibchen dem Stiere,
   Dem hornhufigen Roß wiehert die Stute auch zu.
Spärlicher brennt in uns und nicht so wüthend die Wollust,
   Und die Flamme des Manns hat das gehörige Maß.
Was soll Byblis ich nennen, die brannt' in verbotener Liebe
   Für den Bruder, die Schuld sühnte voll Muth mit dem Strick?
Myrrha liebte den Vater, doch nicht wie's ziemet der Tochter;
   In umhüllender Rind' ist sie begraben nunmehr.
Und mit den Thränen von ihr, die aus duftigem Baum sie ergießet,
   Salben wir uns; und benannt sind noch die Tropfen von ihr.
In den umschatteten Au'n des waldbewachsenen Ida
   War ein weißer Stier, Zierde der Herde, einmal,

Zwischen den Hörnern allein mit schmalem Schwarze gezeichnet:
Dies der einzige Fehl; übrigens sah er wie Milch.
Nach ihm trugen Begehr die Kühe von Gnosus und Cydon;
Ihren Rücken nur ihm wünschten zu bieten sie dar.
Glücklich Pasiphae war, die Buhlin zu werden des Stieres:
Neidisch verfolgte mit Haß reizende Kühe das Weib.
Allbekanntes nur sing' ich; das hundertstädtige Creta
Ist, ob lügnerisch auch, nicht es zu leugnen im Stand.
Sprossendes Laub, sagt man, und der Wiesen Zartestes habe
Mit selbeigener Hand ab sie geschnitten dem Stier.
Sie begleitet das Vieh; und zu gehn hält nicht sie die Sorge
Ab um den Gatten; es war Minos vom Ochsen besiegt.
Was, Pasiphae, nützt's, kostbare Gewänder zu tragen?
Hat doch für keinerlei Schmuck dieser dein Buhle Gefühl.
Was soll, wenn du besuchst die Herden des Bergs, dir ein Spiegel?
Warum streichst du so oft, Thörin, das fertige Haar?
Glaube dem Spiegel jedoch, läßt nicht er als Kuh dich erscheinen.
O, wie wünschtest du heiß Hörner entsprossen der Stirn!
Wenn dir Minos behagt, so brauchst du nicht Buhler zu suchen;

Willst du betrügen den Mann, sei doch der Buhle ein Mann.
Fort in den Wald, auf die Trifft stürzt aus dem Palaste die

Fürstin,
Wie die Bacchantin, entflammt von dem Aonischen Gott.
Ah, wie blickte sie oft mit feindlichen Augen die Kuh an,
Sprechend: Warum gefällt meinem Gebieter doch die?
Sehet nur, wie sie vor ihm auf dem üppigen Rasen herumspringt!
Ja, ich glaube, sie meint, Närrin die, daß es ihr steht.
Sprach's und ließ auf der Stelle hinweg von der mächtigen Herde
Schleppen sie unverdient unter den Bogen des Jochs,
Oder auch vor dem Altar zum erdichteten Opfer sie fallen;
Und der Rivalin Gedärm hielt sie in fröhlicher Hand.
Oft, oft opferte sie, Rivalinnen schlachtend, den Göttern;
Sprach, das Gedärm in der Hand: Geht und gefallet nun ihm!
Io wünscht sie sich bald und bald Europa zu werden:
Jene, sie ist ja ein Rind; diese, es trug sie ein Rind.
Aber, getäuscht von ahorner Kuh, macht schwanger der Bulle
Sie, und an der Geburt wurde der Vater erkannt.
Hätte die Creterin sich der Liebe erwehrt zu Thyestes –
O wie ist es so groß, Einem gefallen allein! –
Hätt' in der Mitte die Fahrt nicht unterbrochen und rückwärts
Roß und Wagen gelenkt Phöbus, gen Morgen zu gehn.
Die das purpurne Haar dem Vater gestohlen, die Tochter

Drückt mit Weiche und Schaam wüthende Hunde an sich.
Der du zu Lande dem Mars, dem Neptun entflohn auf den Wogen,
Wardst, Atride, der Frau scheußliches Opfer daheim.
Wer nicht hätte beweint Creúsens zu Ephyra Flamme,
Und die Mutter, vom Mord ihrer Erzeugten voll Blut?
Thränen aus leeren Höhlen vergoß der Sohn des Amyntor;
Schüchterne Rosse zerfleischt haben Hippolytus' Leib.
Was bohrst, Phineus, du aus den unschuldigen Söhnen die Augen?
Auf dein Haupt wird selbst fallen die Strafe zurück.
Das ward Alles zumal durch Weiberbegierde gestiftet;
Heftiger ist sie und hat mehr als die unsrige Wuth.
Auf denn, zweifele nicht, die Mädchen gesammt zu besiegen;
Kaum aus Tausenden wird Eine versagen sich dir.

Die da gewährt und die da versagt, läßt gern sich doch bitten;
Täuschtest du auch dich, es ist ohne Gefahr ja der Korb.
Aber warum dich täuschen, da neues Vergnügen so süß ist,
Und das Fremde das Herz mehr als das Eigene reizt?
Üppiger stehen ja stets auf fremdem Gefilde die Saaten,
Und bei dem Nachbar hat größere Euter das Vieh.
Kennen zu lernen vorher die Magd des zu fahenden Mädchens
Sorge; den Zutritt wird sie dir erleichtern zu ihr.
Siehe, daß sie ja sei die nächste im Rathe der Herrin
Und zu wenig nicht treu bei der verstohlenen Lust.

Sie mit Versprechungen mußt, sie mußt du bestechen mit Bitten:
Wenn sie will, so wirst leicht du erlangen den Wunsch.
Sie wird wählen die Zeit – auch Ärzte beachten die Zeiten –
Wo ber Gebieterin Herz leicht ist und passend zu fahn.
Passend zu fahn wird's sein dann, wann, wie in üppigem Boden
Wuchert die Saat, es schwelgt fröhlich in heiterster Lust.
Während voll Freude die Brust und nicht beklommen vom Schmerz ist,
Schleicht sich ins offene Herz Venus mit schmeichelnder Kunst.
Da voll Trauer es war, ward Ilium tapfer vertheidigt,
Während in Lust es das Pferd, schwanger von Kriegern, empfing.
Auch versuche sie dann, wann Kränkung sie traf durch ein Kebsweib;
Daß sie nicht ungerächt bleibe, bemühe dich dann.
Reizen sie möge die Magd, das Haar ihr kämmend am Morgen,
Und zu dem Segel hinzu fügen des Ruderers Dienst,
Und so sagen für sich, aufseufzend in leisem Geflüster:
Wie ich glaube, so kannst du es vergelten ihm nicht.
Von dir spreche sie dann in überredenden Worten,
Schwöre dazu, daß du stürbest vor Liebe zu ihr.
Aber geeilt, sonst sinkt das Segel, die Winde verwehen.
Wie das zerbrechliche Eis, schwindet der Zorn durch

Verzug.
Ob an der Dienerin selbst zu vergreifen sich, fragst du, gerathen?
Solche Vergehungen sind gar ein gefährliches Spiel.
Von der Begattung wird Die ämsiger, lässiger Jene:
Die für die Herrin zum Schatz macht dich, die Andre für sich.
Sicher nicht ist der Erfolg. Sei sie auch bereit zu dem Wagniß,
Bleibt doch immer mein Rath, sich zu enthalten der Magd.
Nicht in den Abgrund will und auf spitzige Gipfel ich gehen;
Keiner der Jünglinge soll werden gefangen durch mich.
Wenn die Magd dir jedoch beim Bringen und Holen der Briefe
Wegen der Reize, nicht blos wegen der Eile gefällt:
So erobre zuerst doch die Herrin, die Dienerin folge;
Nicht anfangen bei der darfst du im Liebesgenuß.
Das nur sei dir gesagt, wenn Etwas Gewicht nur die Kunst hat,
Und nicht über das Meer Winde verwehen mein Wort:
Hast den Versuch du gemacht, so vollend' auch; es schläft der Verräther,
Wann sie Theil an der Schuld selber genommen einmal.
Nicht zum Nutzen entflieht mit geleimtem Gefieder der Vogel,
Gehet der Eber hervor aus dem gelockerten Garn.

Halt' an der Angel den Fisch, der, einmal verwundet, gefaßt hat.
Laß die Versuchte nicht los, geh nur als Sieger hinweg.
Dann verräth sie dich nicht, der gemeinsamen Sünde verfallen;
Und es wird dir bekannt Sagen der Herrin und Thun.
Aber verhehle nur gut den Verräther; verhehlest du gut ihn,
Wird zu Gebote dir stets Kenntniß der Freundin auch stehn.
Wer, daß Pfleger allein der einsamen Äcker und Schiffer
Hätten zu sehn auf die Zeit, glaubet, der täuscht sich fürwahr.
Weder ist stets zu vertrauen die Saat den bezüglichen Fluren,
Noch das bauchige Schiff immer der grünlichen Fluth.
Auch die lieblichen Mädchen zu fahn ist sicher nicht immer;

Und der reizenden Zeit ist würdig die reizende Venus,
An sich an ihren Mars schließend, wie immer sie thut.

Oft dasselbe geschieht besser zu anderer Zeit.
Wann der Geburtstag ist, wann ist der erste des Monats,
Der da Venus mit Mars sich zu vereinigen freut;
Wann nicht, wie vorher, geschmückt der Circus mit Bildwerk,
Sondern er aufgestellt zeiget der Könige Pracht:
Dann halt' ein; der Winter ist da, es nahn die Plejaden,
Und in die Fluthen des Meers sinket das Böcklein hinab.

Dann ist räthlich der Schluß; es bringt, wer dann in die See sticht,
Kaum des lecken Gebäu's brüchige Glieder davon.
Doch an dem Tag, wo kläglich dahin die Allia strömte,
Roth von Latinischem Blut, magst du beginnen das Werk;
Auch an dem Tag, wo kehrt, nicht wohlgeeignet zur Arbeit,
Palästinischen Volks Opfer am siebenten Tag.
Heilige Scheu einflöße dir stets der Freundin Geburtstag;
Und schwarz heiße der Tag, wo man Geschenke verlangt.
Weichst du auch aus, sie wird sie erlangen doch; eines Verliebten
Beutel zu rupfen versteht Mittel zu finden das Weib.
Zur kauflustigen Dame wird kommen ein schlumpiger Krämer,
Wird auslegen sein Zeug, während du sitzest dabei.
Dies dann sollst du besehn, damit du als Kenner dich zeigest;
Dann wird küssen sie dich, bitten zu kaufen dich dann.
Damit zufrieden zu sein auf längere Jahre dir schwört sie;
Jetzt sei nöthig es ihr, spricht sie, und billig der Kauf.
Schützest du vor, du habest kein Geld zu Hause zu geben,
Fordert die Handschrift man; selber die Schule ist schlimm.
Und wie, wenn ein Geschenk zum Angebinde sie fordert
Und so oft sie es braucht, selber geboren sich wird?
Wie, wenn niedergedrückt von erlognem Verluste sie jammert,
Sagt, aus dem Läppchen des Ohrs sei ihr gefallen ein

Stein?
Vieles erbitten sie sich zum Gebrauch, was nie sie erstatten;
Weg ist's; keinerlei Dank hast du bei deinem Verlust.
Wollt' ich die schurkischen Künste der Dirnen verfolgen, es wären
Zehn der Münde mir nicht, zehen der Zungen genug.
Wachs versuche die Furth, auf geglättete Bretchen gegossen;
Wachs geh' erst, ihr kund deine Gesinnung zu thun.
Zärtliche Grüße von dir und Liebe verrathende Worte
Bring' es; und, wer du auch seist, spare nicht Bitten dabei.
Hectorn schenkte Achill dem Priamus, weichend der Bitte:
Beugen durch Worte des Flehns läßt sich ein zürnender Gott.
Spar' auch Versprechungen nicht; denn was verschlägt's zu versprechen?
Reich an Verheißungen kann immer ein Jeglicher sein.
Hoffnung, einmal gefaßt, hält lange; denn ist auch betrüglich
Selbige Göttin und falsch, ist zu gebrauchen sie doch.
Hast du gegeben Etwas, so kann sie mit Art dich verlassen;
Früheres hat sie dahin, aber verloren gar Nichts.
Doch was nicht du noch gabst, schein' immer noch geben zu wollen:

Triffst du inzwischen sie an auf dem Pfühl halbliegend getragen,
Geh' an die Sänfte verstellt dann der Geliebten hinan;
Und daß nicht ein lästiges Ohr erlausche die Worte,
Hüll' in Zeichen geschickt doppelter Deutung sie ein.

Wandelt sie müßigen Fußes hindurch die geräumige Halle,
   Bringe auch du hier zu müßige Weile mit ihr.
Und bald mußt du voran ihr gehn, bald folgen im Rücken,
   Bald beeilen den Schritt, wieder dann langsamer gehn.
Auch vorüber zu gehn ein Paar von den mittleren Säulen
   Schäme dich nicht; auch nicht Seite an Seite zu gehn.
Ohne dich auch nicht sitze sie breit im Amphitheater;
   Dein Schauspiel – das bringt mit an den Schultern sie selbst.
Ansehn immer nur sie und sie bewundern nur magst du,
   Viel mit dem Augenlied sprechen, mit Zeichen auch Viel;
Beifall klatschen, so oft ein Mädchen vom Mimen getanzt wird;

   Jeden beschenken mit Gunst, welcher den Liebenden spielt.
Stehet sie auf, steh' auf; bleib sitzen, so lange sie sitzet;
   Bringe die Zeit nach der Wahl deiner Gebieterin zu.
Doch es gefalle dir nicht, mit dem Eisen die Haare zu kräuseln;
   Auch mit beißendem Bims glätte die Schenkel dir nicht.
Solcherlei laß die thun, aus deren Phrygischen Weisen
   Mutter Cybeles Preis hallet in heulendem Chor.
Männern geziemt versäumte Gestalt. Die Tochter des Minos
   Holte sich Theseus, den Schlaf nicht von der Nadel geschmückt.
Phädra verliebt' in Hippolytus sich, so wenig er schmuck war;
Weg mit den Männern von mir, die weiberartig sich schmücken;
   Mäßige Pflege nur ist ziemend für Männergestalt.

   Während Adonis, zum Wald passend, der Göttin gefiel.

Sauberkeit sei dir lieb, gebräunt der Körper vom Campus;
Passend und fleckenlos, sitze die Toga dir gut.
Starr nicht klebe die Zunge, von Rost frei seien die Zähne;
Und in zu weitem Schuh schlappe der Fuß nicht herum.
Auch entstelle die Schur das steife Haar nicht zum Schimpfe;
Haar geschnitten und Bart sei dir von kundiger Hand.
Laß die Nägel auch nicht vorragen und halte sie schmutzfrei;
Und aus dem Nasenloch stehe kein Haar dir heraus.
Nicht beschwerlich auch sei der Hauch schlimm riechenden Mundes;
Ziegen-Vater und Mann setze der Nase nicht zu.
Alles Übrige laß wollüstige Mädchen nur machen,
Und wer, ein Halbmann, Männer zu haben begehrt.
Seinen Verkündiger ruft da Liber! Auch dieser begünstigt
Liebende, fördert die Gluth, welche ihn selber erhitzt.
Sinnlos irrte die Gnosierin an fremdem Gestade,
Wo das Wasser des Meers Dia, die kleine, bespült.
Und wie sie war vom Schlaf, umhüllt mit entgürtetem Kleide,
Nackenden Fußes, gelöst wallend das Safrangelock,
Rief dem tauben Gewoge sie zu: O grausamer Theseus,
Während ein Thränenstrom netzte das zarte Gesicht.
Während ihr unverdient netzte ein Strom das Gesicht.

Laut, laut rief sie und weinte zugleich; doch zierte sie Beides,
Und ihr thränender Blick machte sie häßlicher nicht.
Was wird werden aus mir? der Ungetreue verließ mich,
Spricht sie, mit flacher Hand schlagend die schwellende Brust.

Was wird werden aus mir? Da erschallen am ganzen Gestade
   Cymbeln, und Paukenschlag dröhnet von donnernder Hand.
Sinnlos ward sie vor Furcht, und die letzten Worte erstarben;
   Blutlos starrte und bleich ihr der entgeisterte Leib.
Sieh, die Mimalloniden, das Haar zerstreut auf dem Rücken!
   Sieh, ankündend den Gott, hurtiger Satyre Schaar!
Siehe, der trunkene Alte, Silen! Auf dem bauchigen Esel
   Sitzt er mit Noth, und geschickt hält er die Mähne gefaßt.
Während den Bacchen er folgt und die Bacchen ihn fliehen und suchen,
   Und er, ein Reiter gar schlecht, treibt mit der Ruthe das Thier:
Vom langöhrigen Esel herab da fällt auf das Haupt er.
   Steh', o Väterchen, steh', schreien die Sátyrn, doch auf!
Jetzt auf dem Wagen, der oben herum mit Trauben bedeckt war,
   Gab die Zügel von Gold Bacchus dem Tigergespann.
Theseus war und die Farb' und die Stimme vergangen dem Mädchen;
   Immer versucht sie die Flucht, immer verwehrt sie die Furcht.
Schauernd erbebt sie, wie schauern im Wind unfruchtbare Ähren,
   Wie im morastigen Sumpf zittert das schwankende Rohr.
Und es beginnt der Gott: Hier kommt dir ein treuerer Pfleger.
   Banne die Furcht: nun sollst Bacchus' Gemahlin du sein.
Nimm zum Geschenk den Himmel; an ihm als Cretische Krone
   Sollst du erscheinen und oft leiten ein irrendes Schiff.
Sprach's, und vom Wagen herab, daß nicht sie fürchte die Tiger,
   Sprang er; es wich der Sand unter des Fußes Gewicht.
Und im Busen gesaßt – nicht hatte sie Kraft ja zu kämpfen –

Trug er sie fort, wie leicht Alles ein Gott denn vermag.
Und: Hymenäus! erschallt's; Juchheisa, Evius, ruft man.
Also im heiligen Bett einen sich Mädchen und Gott.
Wird nun die Gabe zu Theil dir des ausgetragenen Bacchus
Und ein Weibchen beschert dir auf gemeinsamem Pfühl:
Rufe den Vater Nyctélius an und die nächtlichen Opfer,
Daß sie dir in den Kopf steigen nicht lassen den Wein.
Viel in erdichteter Rede versteckt ist hier dir zu sagen
Möglich, wovon sie mag merken, ihr werd' es gesagt;
Flüchtige Zärtlichkeiten in Tropfen Weines zu schreiben,
Daß sie es les' auf dem Tisch, wie sie beherrsche dein Herz;
Und in das Aug' ihr zu schaun mit Liebe bekennendem Auge:
Stimme und Wort hat oft, glaub' es, der schweigende Blick.
Trachte darnach, zu erhaschen zuerst den Becher, den ihre
Lippen berührt, und trink, wo die Gebieterin trank.
Und nach jeglicher Speise, die sie mit den Fingern berührt hat,
Greife und suche dabei ihr zu berühren die Hand.
Richt' auch den Wunsch darauf, dem Mann zu gefallen des Mädchens.
Nützlicher wird er euch sein, ist er zum Freunde gemacht.
Ihm, wenn eben du trinkst, gestatte im Trinken den Vorrang,
Ihm hinreiche den Kranz, den man dir selber geschickt.
Alles empfang' er zuerst, mag unter dir, mag er dir gleichstehn;
Immer das erste Wort sei ihm zu lassen bereit.
Sicher und leicht ist der Weg, durch den Namen des Freundes zu täuschen.
Doch ob sicher und leicht, ist er doch frei nicht von Schuld.

Dann zum Verwalter bestellt, verwaltet zuviel er im Hause;
  Glaubt, er müsse auf Mehr sehen, als auf man ihm trug.
Auch gegeben von uns soll werden ein Maß dir im Trinken:
  Füße müssen und Kopf fähig dir bleiben zum Dienst.
Streitsucht, die aufstachelt der Wein, vermeide vor Allem;
  Halte nicht immer die Hand fertig zu blutigem Krieg.
Hinsank Eurytion, da thöricht den Wein er getrunken.
  Tisch und Wein sind mehr passend zu süßem Gekos.
Hast du Stimme, so singe; bewegliche Arme, so tanze:
  Welches Talent du nur hast, suche zu glänzen damit.
Wirkliche Trunkenheit ist schädlich, erdichtete nützt dir:
  Laß die Zunge voll Trug lallen in stammelndem Laut,
Daß als Schuld an Allem, was allzu keck und verwegen
  Thun und sprechen du magst, gelte der reichliche Wein.
Glücklich, sprich zur Geliebten, ja glücklich, bei welchem sie schlafe;
  Aber zum Henker zu gehn wünsche im Stillen dem Mann.
Gehen nun aber hinweg nach Entfernung des Tisches die Gäste;
  Wird das Gewühl dir selbst Möglichkeit bieten zu nahn.
Mische dich in das Gewühl; und leise genaht ihr im Gehen,
  Zupf' an der Seite sie nur, rühr' an den Fuß mit dem Fuß.
Nun ist Zeit es, zu sprechen mit ihr; hinweg nun, hinweg weit,
  Tölpische Schaam! Beistehn Wagenden Liebe und Glück.
Deine Beredsamkeit bedarf nicht unserer Regeln:
  Mache den Anfang nur, bist du von selber beredt.
Spielen den Liebenden mußt du, im Wort darlegen die Wunden,
  So erstreben für dich Glauben auf jeglichem Weg.

Leicht auch ist es; es hält für liebenswürdig sich Jede;
Sei sie die Häßlichste auch, Jede sich selber gefällt.
Der sich verstellte jedoch, fing oft an wirklich zu lieben,
Ward oft, was er zuerst hatte erdichtet zu sein.
Um so gefälliger seid, o Mädchen, den scheinbar Verliebten;
Wirkliche Lieb' oft wird, die nur geheuchelt erst war.
Jetzt wol wäre das Herz unmerklich zu fahen durch Schmeicheln,
Wie der schleichende Bach höhlet den hangenden Rand.
Auch verdrieß' es dich nicht, das Gesicht und die Haare zu loben
Und die Finger so rund sammt dem so niedlichen Fuß.
Ihrer Gestalt Lobpreisung erfreut die Keuschesten selber,
Ihre Gestalt ist stets wichtig den Frauen und werth.
Denn was schämen sich heutigen Tags noch Pallas und Juno,
Daß sie erhalten den Preis nicht aus dem Phrygischen Wald?
Werden die Federn gelobt, spreizt aus sie der Vogel der Juno;
Schaust du schweigend ihn an, wieder verbirgt er den Schatz.
Auch dem Rosse behagt's bei dem Kampf des flüchtigen Wettlaufs,
Wird ihm die Mähne gekämmt, fühlt es den Hals sich geklatscht.

Auch versprich nicht schüchtern; es locken Versprechen die Mädchen;
Rufe zu Zeugen dafür jegliche Götter auch an.
Jupiter lacht aus der Höh' der falschen Schwüre der Liebe,
Läßt sie von Äolus' Süd ohne Bedeutung verwehn.
Bei den Fluthen der Styx pflog falsch zu schwören der Juno
Jupiter; sein Beispiel selber ist günstig für euch.
Vortheil bringt's, daß Götter es giebt; drum laßt uns sie glauben;

Weihrauch laßt uns und Wein opfern auf altem Altar.
In schlafähnlicher Ruhe auch hält sorgloses Behagen
Nicht sie zurück. Schuldlos lebt, und die Gottheit ist nah.
Gebt das Anvertraute zurück; treu haltet Verträge;
Trug sei fern; von Mord haltet die Hände euch rein.
Habt, wenn klug ihr seid, straflos nur Mädchen zum Besten;
Außer dem einen Betrug halte man redlich sein Wort.
Täuschet die Täuschenden denn, die großenteils nur gemeiner
Schlag sind; fallen ins Netz mögen sie, das sie gestellt.
Einst entbehrte der Fluth, zu erquicken die Fluren, Ägypten,
War neun Jahre hindurch trocken, berichtet die Mähr.
Da kommt Thrasius hin zu Busiris und zeigt ihm, es könne
Eines Fremdlings Blut sühnen nur Jupiters Zorn.
Ihm erwiedert Busiris: Du sollst als Jupiters Opfer
Fallen zuerst und dem Land Wasser als Fremder verleihn.
Phalaris hat im Stier auch geröstet des grausen Perillus
Glieder, und eingeweiht hat der Erfinder sein Werk.
Beide waren gerecht. Das Gesetz ist billig, wie keines,
Daß Anstifter des Mords sterben durch eigene Kunst.
Also damit nach Verdienst Meineid Meineidige täusche,
Fühle das Weib sich gekränkt, wie es erst selber gekränkt.
Thränen auch haben ihr Gutes; man rührt mit Thränen ein Stahlherz.
Laß, wo möglich, sie sehn Wangen von Thränen benetzt.
Wenn es an Thränen gebricht – rechtzeitig ja kommen nicht immer
Thränen – mit feuchter Hand fahre dir übers Gesicht.
Wer, der klug ist, mischte nicht Kuß mit zärtlichem Worten

Ob sie versage den Kuß, nimm den versagten dir doch.
Kämpfen wird sie vielleicht anfangs und sagen: Du Böser!

Aber sie wird besiegt werden doch wollen im Kampf.
Nur daß nicht, zu gröblich geraubt, er schade den Lippen,
Und nicht klagen sie kann, daß er gewesen zu hart.
Wenn, wer Küsse sich nimmt, nicht auch das Übrige mitnimmt,
Wird, was schon man ihm gab, werth zu verlieren auch sein.
Was nach den Küssen er fehlen noch ließ zum vollen Genusse,
Bäurische Einfalt war's wahrlich, nicht Folge der Schaam.
Nennen sie auch es Gewalt, lieb solche Gewalt ist den Mädchen.
Geben, was ihnen behagt, wollen mit Sträuben sie oft.
Jede, an der der plötzliche Raub des Genusses verübt ist,
Freut sich; Verwegenheit ist ihr ein werthes Geschenk.
Doch die, während sie konnte genöthiget werden, es nicht ward,
Wird durch trübes Gesicht heucheln genossene Lust.
Angethan warb Phöben Gewalt, Gewalt auch der Schwester;
Und den Geraubten doch lieb waren die Räuber zumal.
Wohlbekannt ist die Mähr, doch nicht unwerth des Erzählens,
Wie der Hämonische Mann liebte die Scyrische Maid.
Schon für der Schönheit Preis Lohn hatte gegeben die Göttin,
Würdig am Idaberg zwei zu besiegen erklärt;
Schon zu Priamus war die Schnur aus der Fremde gekommen,
Und in Iliums Burg hauste das Grajische Weib.
Alle schwuren den Eid auf den Ruf des beleidigten Gatten,
Denn des Einzigen Schmerz war ein gemeinsames Leid.
Schimpflich, wofern es geschehn nicht wäre auf Bitten der Mutter,

Hatte Achilles den Mann unter dem Rocke versteckt.
Was machst, Äacus' Sproß, du? Dein Dienst ist nicht für die Wolle.
Pallas' andere Kunst möge gewähren dir Ruhm.
Nicht sind Körbe für dich; der Schild gehört in die Linke.
Nicht für die Zahl ist die Hand – Hector erliege durch sie.
Wirf die Spindel hinweg, mit dem mühsamen Faden umwunden;
Diese Rechte, sie muß schwingen den Pelischen Speer.
Grad' in demselben Gemache befand sich die Tochter des Königs.
Ihr ward, daß er ein Mann war, durch Entehrung bekannt.
Zwar sie ward durch Stärke besiegt, so muß man ja glauben;
Aber sie wollte doch gern werden durch Stärke besiegt.
Bleibe, begann sie oft, als nun forteilte Achilles:

Denn mit tapferer Wehr hatt' er den Rocken vertauscht.
Wo ist jetzt die Gewalt? Was hältst du mit schmeichelnder Stimme
Ihn, der erst dich entehrt, Deidamia, zurück?
Freilich man schämt sich zuweilen wol selbst zu machen den Anfang;
Fängt ein Anderer an, ist man zu leiden erfreut.
Ha, es vertrauet zu sehr der Jüngling der eigenen Schönheit,
Wenn er wartet darauf, daß sie ihn bitte zuerst.
Kommen zuerst muß er, vorbringen die Worte der Bitte;
Sie wird freundlichen Blicks schmeichelnde Bitten empfahn.
Bitte um ihren Besitz; sie will nur bitten sich lassen;
Anlaß gieb ihr und Grund, was du begehrest, zu thun.

Jupiter kam mit Flehn zu den Heroinen der Vorzeit;
Und kein Mädchen entzog sich dem erhabenen Gott.
Solltest du merken jedoch, daß Bitten geschwollenem Hochmuth
Nahrung nur giebt, halt' ein mit dem Beginnen und geh.
Was sich entzieht, wünscht Manche und haßt zudringliches Wesen;
Dringst du gelaßner in sie, machst du sie leichter geneigt.
Auch darf Hoffnung der Lust nicht immer gestehn der Bewerber;
Unter dem Namen des Freunds schleiche die Liebe sich ein.
Solchergestalt sah oft ich überlistet die Spröde;
Der der Verehrer erst war, ward der Geliebte zuletzt.
Schiffern geziemt nicht Weiße der Haut; von den Strahlen der Sonne
Sei die Farbe geschwärzt und von der Woge der See.
Weiße geziemt dem Bauer auch nicht, der immer im Freien
Stürzt mit dem Pfluge das Land und dem gewichtigen Karst.
Du auch, der du erstrebst den Ruhm Palladischen Kranzes,
Sollte dein Leib weiß sein, sähest geziemend nicht aus.
Blaß sei Jeder, der liebt; *die* Farbe ist passend zur Liebe;
Die steht gut, die läßt glauben, daß leidend du warst.
Blaß war Daphnis, der Hirt, für die spröde Najade; Orion
Irrte für Lyrice blaß tief in den Wäldern umher.
Magerkeit auch beweise die Lieb'; die Kapuz' auch zu legen
Auf das glänzende Haar halte für schimpflich du nicht.
Hager machen den Leib durchwachte Nächte dem Manne.
Hager der Schmerz, den stets heftige Liebe erzeugt.
Um zu erreichen den Wunsch, sei mitleidswürdig und leidend;

Daß, sobald man dich sieht, sagen man könne: Du liebst.
Ob ich beklag', ob warne, daß Recht verwirrt ist und Unrecht?
Freundschaft ist ein Schall, Treue ein nichtiges Wort.
Ach, es ist gegen den Freund die Geliebte zu loben bedenklich!
Schenkt er Glauben dem Lob, schleichet er selber sich ein.
Aber nicht Actors Sproß befleckte das Bett des Achilles;
Gegen Pirithous war Phädra ein züchtiges Weib.
Pylades liebte Hermione nur, wie Phöbus Minerven;
War, was, Hélena, dir Castor, der doppelte, war.
Wer das Nämliche hofft, der hoffe, daß Obst Tamarisken
Tragen; und Honigseim hol' er immitten des Stroms.
Nur das Entehrende reizt; für seinen Kitzel nur sorgt man:
Der kommt lieb und genehm auch von des Anderen Schmerz.
Ha, abscheulich! den Feind nicht muß der Liebende fürchten;
Die du für treu dir hältst, fliehe; so bist du geschützt.
Nimm dich vor Vetter und Bruder in Acht und dem lieben Genossen:
Grund dir wird dies Volk wahrer Befürchtungen sein.
Schließen schon wollt' ich; doch sind die Herzen der Mädchen verschieden:
Tausendfach sei die Kunst, tausend Gemüter zu fahn.
Einerlei Land auch erzeugt nicht Alles: es ist der Olive
Jenes, doch dieses dem Wein, dieses gedeihlich dem Spelt.
Arien auch giebts der Gemüther soviel als auf Erden Gestalten.
Bist du weise, so schmiegst jeglicher Art du dich an;
Wirst wie Proteus bald dich verdünnen zu flüchtiger Welle;
Wirst bald Löwe, bald Baum, struppiger Eber bald sein.

Fische fängt man, die einen mit Speer, an der Angel die andern;
Andere ziehet gespannt straffen Geflechtes das Netz.
Einerlei Art auch beliebe dir nicht bei jeglichem Alter.
Weiter entfernt schon sehn ältere Hirsche das Garn.
Wenn du gebildet der Rohen erscheinst und keck der Verschämten;
Wird mißtrauen alsbald sicher die Arme sich selbst.
Daher kommt's, daß, die sich gescheut zu gehören dem Hohen,
Nun dem Niedrigern auch feil in die Arme sich wirft.
Übrig noch ist ein Theil, ein Theil vollendet des Werkes.
Hier zu halten mein Schiff werfe den Anker ich aus.

Zweites Buch

Ruft Juchheisa, Triumph! und nochmals rufet Juchheisa!
Eingegangen nach Wunsch ist mir die Beute in's Garn.
Fröhlich beschenkt der Erhörte mein Lied mit der grünenden Palme,
Zieht dem Ascräischen Greis mich, dem Mäonischen vor.
Also fuhr, die Segel gespannt, vom bewehrten Amyclä
Mit dem erbeuteten Weib ab der Trojanische Gast.
So frohlockte, der dich siegreich mit dem Wagen davontrug,
Hippodamia, dahin rollend auf fremdem Gespann.

Jüngling, wohin so eilig? Der Hafen, nach welchem ich steure,
Ist noch weit, und es schwimmt mitten im Meer noch dein Schiff.
Daß ein Mädchen dir ward durch meine Dichtung, genügt nicht;
Fesseln auch meine Kunst muß sie, die erst sie gefahn.
Kleiner ist nicht das Verdienst zu erhalten, als erst zu gewinnen;
Dies ist Zufalls Werk, jenes ist Sache der Kunst.
Jetzt, wenn irgend einmal, seid hold mir, mein Knab' und Cythéra,
Erato jetzt; denn du bist von der Liebe benannt.
Großes beginn' ich: zu singen, durch welcherlei Künste man Amor
Halte, der weit und breit schweift auf der Erde umher.
Leicht ja ist er und hat zwei Flügel von dannen zu fliegen,
Flügeln aber ist schwer Schranken zu setzen und Ziel.
Minos hatte versperrt dem Gast jedwedes Entfliehen:
Kühn mit Fittichen wußt' er sich zu bahnen den Weg.
Dädalus, als er den Mann, der Ochs, und den Ochsen, der Mann war,
Den die Mutter empfahn hatte in Sünden, verwahrt,
Sprach: Setz' endlich ein Ziel der Verbannung, o würdiger Minos;
Lasse der Väter Land meine Gebeine empfahn.
Und dieweil ich, verfolgt von bösem Geschick, in der Heimat
Leben nicht konnte, so laß, lasse mich sterben darin.
Wenn dir der Greis Nichts gilt, so gewähre dem Knaben die Rückkehr;
Thust du dem Knaben es nicht, thu' es zu Liebe dem Greis.
Dieses sprach er; doch Dies und Mehr noch mochte er sagen;
Fortzugehen erlaubt Jener mit nichten dem Mann.
Jetzt, o Dädalus, jetzt, beginnt er, sobald er es merkte,

Bietet sich Stoff dir, woran Geist du bewährest und Witz.
Minos ist im Besitze des Lands, im Besitze des Meeres;
Offen ist weder das Land unserer Flucht, noch das Meer.
Übrig nur ist die Luft. Durch diese zu gehen versuch' ich.
Meinem Beginnen verzeih', hoher Gebieter der Luft.
Nicht zu ersteigen erkühne ich mich der Himmlischen Sitze;
Keinen anderen Weg giebt's zu entfliehen dem Herrn.
Gehe ein Weg durch die Styx, die stygischen Wogen durchschwimm' ich.
Wandeln meine Natur muß ich nach neuem Gesetz.
Unglück weckt die geistige Kraft. Wer glaubte es jemals,
Daß durchschneiden ein Mensch könnte die Bahnen der Luft?
Federn, die Ruder der Vögel, der Reihe nach legt er zusammen;
Und mit Linnenverband knüpft er das leichte Gemächt.
Wachs, am Feuer gelöst, hält fest die untersten Theile;
Und so war nun das Werk neuer Erfindung vollbracht.
Lachend betastet das Wachs und die Federn der Knabe; er weiß nicht,
Daß das Geräte ihm selbst ist für die Schultern bestimmt.
Dieses Segel, beginnt der Vater, entführ' uns zur Heimat;
Damit müssen der Macht wir des Gebieters entfliehn.
Alles versperrt' er, die Luft nur konnt' er nicht. Diese durchschneide –
Sie nur ist möglich – mit dem, was ich erfunden, o Sohn!
Doch die Tegeerin nicht und Bootes' Begleiter, Orion
Mit dem geschwungenen Schwert, darfst du mit Augen erschaun.

Nimm im Flug die Richtung nach mir; ich werde vorangehn,
Leiten dich ohne Gefahr; sorge zu folgen du nur.
Denn wenn wir durch die höhere Luft in der Nähe der Sonne
Fliegen, so wird mit der Glut nicht sich vertragen das Wachs.
Wenn wir niedrigen Flugs hinschweben zu nahe dem Meere,
Wird von den Wellen der See werden die Schwinge benetzt.
Halt' in der Mitte den Flug. Auch mußt du fürchten die Winde,
Mußt dem Zuge der Luft willige Segel vertraun.
So legt an er das Werk dem Knaben und zeigt die Bewegung,
Wie die befiederte Brut mahnend die Mutter belehrt.
Dann fügt an er sich selbst an die Schultern die künstlichen Flügel,
Und für den neuen Weg wiegt er nur schüchtern den Leib.
Und zum Fluge bereit nun gab er noch Küsse dem Söhnlein;
Thränen nicht konnte das Aug' halten des Vaters zurück.
Nicht zum Berge erhob auf dem ebenen Feld sich ein Hügel:
Hier vertrauten sich an Beide der traurigen Flucht.
Seine Flügel bewegt und schaut auf die Flügel des Sohnes
Dädalus, und er erhält sich in dem Lauf und den Sohn,
Und schon macht Vergnügen die Fahrt, die neue; und furchtlos
Fliegt mit keckem Geschick Icarus stärkeren Flugs.
Sie sah Mancher, indeß an zitternder Angel er Fische
Fieng; und im Stiche die Hand ließ das begonnene Werk.
Schon war Samos zur Linken zurück und Naxos gelassen,
Paros und Delos dazu, theuer dem Clarischen Gott;
Rechtshin lagen Lebynth und das waldbedeckte Calymne,
Von fischwimmelnder Fluth Astypaläa umringt:
Als der Knabe, zu keck durch das unvorsichtige Alter,

Höher den Lauf stets trieb, lassend den Vater im Stich.
Locker wird das Gebinde, das Wachs, zu nahe dem Gott, weich;
Wehende Luft nicht faßt mehr der geschwungene Arm.
Hoch vom Himmel hinab in die Meersfluth blickt er erschrocken;
Und sein Auge umhüllt Nacht vor verzagender Furcht.
Nackt – es war geschmolzen das Wachs – nackt schlägt er die Arme;
Schwankend hat er, womit er sich erhalte, nicht mehr.
Und so fiel er und rief im Fall: o Vater, ich stürze.
Während er sprach, verschloß grünes Gewässer den Mund.
Doch der unglückliche Vater, schon Vater nicht, rufet: Wo bist du,
Icarus? wo in der Luft fliegst du, in welchem Gebiet?
Icarus, rief er oft: Da sieht er im Wasser die Federn.
Erde empfängt das Gebein, aber den Namen das Meer.
Nicht war Minos im Stand zu bezähmen die Flügel des Menschen:
Ich den beflügelten Gott schicke zu halten mich an.
Der betrügt sich, der greift zu Hämonischen Künsten und giebt, was
Ab von der Stirne er reißt eben geborenen Pferds.
Nicht bewirken, daß Liebe besteht, Medeksche Kräuter
Und der Marsische Sang unter bezauberndem Ruf.
Circe hätte Ulyß, Medéa Jáson gehalten,
Könnte nur Liebe gebannt werden durch Zaubergesang.
Blasser Liebestrank, den Mädchen gegeben, auch nützt nicht;
Ja er schadet dem Geist, steigert die Liebe zur Wuth.
Fern sei jegliche Schuld. Das Liebenswürdige liebt man;
Und nicht giebt das Gesicht dies und die blose Gestalt.

Sei's, daß Nireus ward gepriesen vom alten Homerus,
  Hylas. der zarte, geraubt ward durch der Nymphen Vergehn:
Füge, damit du erhältst die Geliebte und nicht dich verlassen
  Siehst, zu den Gütern des Leibs Gaben des Geistes hinzu.
Schönheit ist vergänglich, und wie mit den Jahren sie zunimmt,
  Nimmt sie auch ab; es verzehrt eigene Dauer sie selbst.
Weder Violen auch blühn, noch prangende Lilien immer;
  Und nach der Rose Verlust starrt der verbliebene Dorn.
Dir auch wird, o Schöner, das Grau bald kommen des Haares,
  Kommen die Runzel dir bald, welche den Körper dir furcht.
Baue den Geist, der dauert, denn an, zu heben die Schönheit.
  Bis zu dem Holzstoß bleibt dieser Besitz dir allein.
Sei nicht wenig das Herz auch zu bilden durch edele Künste
  Und die Sprachen mit Fleiß beide zu lernen bemüht.
Schön nicht war von Gestalt, doch war beredsam Ulysses,
  Und Meergöttinnen hat Qualen der Lieb' er gemacht.
O, wie jammerte oft, daß fort er eile, Calypso,
  Sagte, dem Ruderschlag füge das Wasser sich nicht!
Wieder und wieder befragt *sie* ihn um Trojas Geschicke;
  Oft zu erzählen ihr pflegt anders das Nämliche *er*.
Als sie standen am Strand schon, hatte die schöne Calypso
  Nach des Odrysenhaupts blutigem Ende geforscht.
Jener, mit leichtem Stab, den eben er hielt in der Rechten,
  Zeichnet im dichten Sand ihr die erbetene That.
Dies ist Troja, beginnt er, indem er Mauern im Sand macht,
  Das der Simois da, denke mein Lager dir hier.
Hier auf dem Feld – und er macht ein Feld – verspritzten wir

DolonsBlut, indeß er Achills Rosse als Wächter begehrt.
Dorthin standen gereiht des Sithonischen Rhesus Gezelte;
  Hieher fuhr ich zurück aus dem errafften Gespann.
Mehr noch zeichnete er, als Troja und Rhesus' Gezelte
  Sammt dem Führer hinweg spülte ein plötzlicher Schwall.
Siehst du, begann die Göttin, wie große Namen die Wellen,
  Die für die Fahrt du dir treu glaubst, ins Verderben gestürzt
Darum, wer du auch seist, trau scheu nur der trüglichen Schönheit,
  Oder besitze Etwas höheren Werths als den Leib.
Schickliche Milde gewinnt vor Allem die Herzen der Mädchen;
  Härte erregt nur Haß, führet zu widrigem Streit.
Haßt man den Habicht doch, der immer nur lebt in den Waffen;
  Hasset den Wolf, der stets geht auf das schüchterne Lamm.
Aber es hat, wo hausen er mag, der Chaonische Vogel,
  Thürme; und weil sie sanft, stellt man der Schwalbe nicht nach.
Fern sei Zank und Streit und erbitterte Zungengefechte;
  Zärtliche Liebe verlangt Worte gefälligen Tons.
Weiber nur scheuchen mit Streit die Männer, und Männer die Weiber;
  Und mit einander Proceß glauben zu haben sie stets.
Streit geziemet der Frau, die Mitgift ist er der Frauen;
  Worte, dem Herzen erwünscht, höre die Freundin nur stets.
Nicht des Gesetzes Gebot hat euch im Bette vereinigt,
  Liebe verwaltet das Amt strengen Gesetzes bei euch.
Zärtliche Schmeichelei'n und Worte, das Ohr zu gewinnen,
  Sag' ihr, daß sie erfreut werde durch deinen Besuch.
Nicht für die Kinder des Glücks tret' auf ich als Lehrer des Liebens,

Nicht der Künste bedarf, wer da zu geben vermag.
Bei sich hat den Verstand, wer, wann's ihn gelüstet, da, nimm! spricht.
Mehr, als was ich erfand, hat er; ich trete zurück.
Armen nur gilt mein Rath; denn arm selbst habe geliebt ich;
Worte statt allen Geschenks hatte zu geben ich nur.
Hübsch mit Vorsicht liebe der Arme; er scheue das Schelten,
Lasse gefallen sich Viel, was sich der Reiche nicht läßt.
Einmal hab' ich im Zorn das Haar verwirrt der Geliebten.
Dieser Zorn, wie viel hat er mir Tage geraubt!
Daß ich zerrissen den Rock, nicht hab' ich gemerkt es, noch glaub' ich's.
Aber sie sagt' es, und ich mußte ersetzen den Rock.

Seid ihr aber gescheit, so meidet die Fehler des Lehrers;
Scheuet Verluste, wie mir eigene Schuld sie gebracht.
Lebt mit den Parthern in Krieg, mit der reizenden Freundin in Frieden,
Freude und Lust und was fördern die Liebe nur kann.
Wenn nicht zärtlich genug und hold sie dem Liebenden sein wird,
Trag' es und habe Geduld; milder schon wird sie nachher.
Durch fügsame Geduld läßt krümmen am Baume der Ast sich;
Aber er bricht dir, versuchst du ihn zu krümmen Gewalt.
Fügsam dem Strom, durchschwimmest du ihn; du wärest die Fluthen
Nicht zu bezwingen im Stand, schwämmest du gegen den Strom.
Tiger durch Fügsamkeit und Numidische Löwen bezwingt man;

Unter des Landmanns Joch fügt mit der Zeit sich der Stier.
Was war grausamer als Atalanta, Arcadiens Tochter?
Und es erlag ihr Trotz doch den Verdiensten des Manns.
Über sein Schicksal soll und das spröde Gebaren des Mädchens
Unter Bäumen geweint haben Milanion oft.
Oft trug, wie sie befahl, am Hals er bezügliche Netze;
Trotzige Eber erlegt' oft er mit sausendem Spieß.
Auch empfand er, verwundet, den Pfeil, von Hyläus geschossen.
Aber bekannter als der, war ihm ein anderer Pfeil.
Nicht die Mänalischen Wälder jedoch zu ersteigen mit Waffen
Will ich dir heißen, auch nicht Netze zu tragen am Hals;
Auch nicht darzubieten die Brust geschossenen Pfeilen.
Leicht ist, was dir gebeut meine bedächtige Kunst.
Gieb der sich Sträubenden nach, so gehst du als Sieger von dannen;
Spiele die Rolle du nur, die sie zu spielen befiehlt.
Tadelt sie, mußt du tadeln, und billigen, was sie nur billigt;
Nein auch, spricht sie nein, sprechen; bejaht sie, bejahn.
Lacht sie, so lache mit ihr; und weint sie, bemüh' dich zu weinen:
Deinem Gesicht und Blick lege Gesetze sie auf.
Spielt sie und wirft mit der Hand die elfenbeinernen Zahlen,

Wirf du schlecht und gieb, wie du geworfen, auch schlecht.
Oder wirfst du die Knöchel, so mache, daß, um die Besiegte
Nicht zu bestrafen, dir oft stehe der schädliche Hund.
Oder laßt ihr den Stein im Soldatenspiele marschiren,
Mache, daß dein Soldat falle vom gläsernen Feind.
Selber auch halte gespannt in seinen Stäben das Schirmdach;

Selber mach' im Gewühl, wo sie erscheinet, ihr Platz.
Sei auch bereit, an das zierliche Bett den Schemel zu rücken;
Aus auch die Sohle und an ziehe dem niedlichen Fuß.
Oft auch muß ihr die Hand, obgleich es selber dich schauert,
Wann die Gebieterin friert, werden im Busen erwärmt.
Halt' es für schimpflich auch nicht – so schimpflich es ist, es gefällt doch –
Daß mit eigener Hand vor du den Spiegel ihr hältst.
Er, der, auf Stiefmutters Geheiß die Ungeheuer
Fällend, den Himmel verdient, welchen er selber erst trug,
Unter den Töchtern Ioniens soll er gehalten das Körbchen,
Rohe Wolle gedreht haben zu feinem Gespinnst.
Seiner Gebieterin Wink vollzog der Tirynthische Heros.
Geh' und besinne dich noch, ob du ertragest, was er.
Sollst auf dem Forum du sein, so sorge noch früher zu kommen,
Als zur befohlenen Zeit; spät auch nur gehe hinweg.
Sollst du irgendwohin ihr gehn, laß Alles im Stiche;
Laufe, und kein Gewühl halt' auf dem Wege dich auf.
Kehrt sie bei Nacht nach Hause zurück von beendetem Schmause,
Statt des Sclaven auch da komme, sobald sie ihn ruft.
Läßt sie dir sagen auf's Land: Komm; mache, im Fall es am Wagen
Fehlet – die Säumigen haßt Amor – die Reise zu Fuß.
Lästiges Wetter auch halte dich nicht und der dürstende Hundsstern,
Nicht auch ein Weg dich auf, weiß von gefallenem Schnee.
Ähnlich dem Kriegsdienst ist die Liebe: hinweg da, ihr Trägen!
Dieses Panier nicht darf schützen ein furchtsamer Mann.

Weite Wege und Winter und Nacht faßt dieses so sanfte
Lager und tobenden Schmerz in sich und jegliche Müh'.
Ströme aus himmlischer Wolke gelöst wirst oft du ertragen,
Liegen auf bloßer Erd' oft, von der Kälte erstarrt.
Soll doch die Kühe Admets in Pherä geweidet Apollo
Haben und unter dem Dach niedriger Hütte gehaust.
Wem ziemt nicht, was Phöbus geziemt? Laß fahren den Hochmuth,
Der du sorglich bedacht bist auf der Liebe Bestand.
Wenn dir den sichern und ebenen Weg zu gehen versagt wird,
Und die Thüre verwahrt ist mit dem Riegel davor:
Nun, so laß durch das offene Dach in die Tiefe dich nieder;
Heimlichen Weg auch biet' oben das Fenster dir dar.
Freuen sich wird sie zu wissen, sie sei Ursach der Gefahr dir;
Sein wird dies der Beweis sicherer Liebe für sie.
Missen wol konntest du oft dein Mädchen, Leander; hinüber
Schwammst du über das Meer, daß sie erkenne dein Herz.
Halt' es für Schande auch nicht, der Reihe nach dir die Mägde,
Minder die Diener auch nicht dir zu verpflichten zu Dank.
Grüße – es ist kein Schaden dabei – jedweden mit Namen;
Schließe die niedrige Hand eifrig in deine hinein.
Auf sein Bitten auch mußt du dem Sclaven – gering ist der Aufwand –
Reichen aus deines Glücks Fülle ein kleines Geschenk.
Reich' ein Geschenk auch der Magd an dem Tag, an welchem, betrogen
Durch das Frauengewand, büßte die Gallische Schaar.

Glaube mir, mache das Volk dir geneigt; es befinde darunter
  Stets sich der Pförtner und der liegt vor der Thür des Gemachs.
Nicht kostbare Geschenke auch sollst der Geliebten du geben.
  Kleinigkeiten, jedoch passende gieb mit Geschmack.
Während ergiebig das Land, und unter der Last sich der Ast beugt,
  Bringe der Knabe im Korb ländliche Gaben ihr hin.
Daß sie vom Stadtgut wären geschickt dir, kannst du ihr sagen,
  Mögen sie immer gekauft sein auf dem heiligen Weg.
Trauben bringe er hin, er bringe Kastaniennüsse,
  Die Amaryllis geliebt, aber mit nichten mehr liebt.
Ja ein Täubchen sogar und eine Drossel ihr schickend,
  Magst du beweisen, du seist deiner Geliebten gedenk.
Schande, erkauft damit man sich Hoffnung auf Tod und verwaistes
  Alter! Und wehe, durch wen werden Geschenke zur Schuld!
Was soll rathen ich dir, auch zärtliche Verse zu schicken?
  Ach, es stehn nicht hoch leider, Gedichte im Preis!
Versen ertheilt man Lob, doch große Geschenke verlangt man.
  Ist er nur reich, so gefällt selber der roheste Mann.
Jetzt ist wirklich die goldene Zeit; am höchsten in Ehren
  Stehet das Gold; für Gold stehet die Liebe zu Dienst.
Möchtest du selbst auch kommen, Homer, von den Musen begleitet;
  Wenn Nichts mit du gebracht, wirft man, Homer, dich hinaus.
Aber es giebt, doch selten nur giebt's, auch gebildete Mädchen;
  Nicht ist's, aber doch sein will es der übrige Schwarm.
Beiden ertheil' in Gedichten man Lob, die, welcherlei Art sie
  Seien, der vor sie liest, hebe durch lieblichen Ton.

Diesen nun wird, auch Jenen, ein nächtlich gedichtetes Liedchen
Auf sie selber vielleicht gelten als kleines Geschenk.
Doch was selbst du zu thun vorhast und ersprießlich erachtest,
Darum bitten dich erst laß die Gebieterin stets.
Hättest du zugesagt der Deinigen einem die Freiheit,
Von der Gebieterin doch laß sie erbitten ihn erst.
Wenn du dem Sclaven die Strafe und schreckliche Fesseln erlässest,
Habe zu danken sie dir, was du beschlossen zu thun.
Dein sei stets der Gewinn, der Gebieterin werde die Ehre;
Ohne Verlust für dich spiele die Mächtige sie.
Bist du aber bedacht das Mädchen auch fortzubehalten,
Laß sie glauben, du seist trunken von ihrer Gestalt.
Ist sie in Tyrischem Kleid, so lobe die Tyrische Kleidung;
Ist sie im Coergewand, lobe das Coergewand.
Geht sie in Gold, so sei kostbarer sie dir als das Gold selbst;
Zieht die Kutte sie an, finde die Kutte bewährt.
Steht sie im Hauskleid da, so rufe: Du stiftest ja Brand an;
Bitte sie schüchtern jedoch, daß sie erkälte sich nicht.
Ist das Haar in Flechten gelegt, so preise die Flechten;
Lockt sie mit Feuer das Haar, preise das lockige Haar.
Wenn sie tanzt, bewundre den Arm; und singt sie, die Stimme:
Und daß auf sie gehört, klage bedauernden Munds.
Selber den Beischlaf magst du und was ihn fördert, verehren,
Und mit besonderem Laut deuten den Liebesgenuß.
Wäre sie unerbittlicher auch als die stiere Medusa,
Gegen den Liebenden wird werden sie sanft und gefüg.

Nur daß deine Verstellung dabei nicht selbst du verrathest,
  Nicht mit der Miene zerstörst, was du mit Worten gebaut!
Nur die verborgene Kunst nützt dir, die entdeckte beschämt dich,
  Hebt für immer mit Recht auf das Vertra

Oft geschieht es im Herbst, dann, wann am schönsten das Jahr ist,
  Und von dem purpurnen Wein strotzend die Traube sich färbt,
Wann vor Kälte wir bald starr sind, bald schmelzen vor Hitze,
  Daß bei schwankender Lust Schwäche den Körper befällt:
Möge sie wohl dann sein! Doch läge danieder sie unwohl
  Und empfände erkrankt schädliche Folgen der Lust:
Dann beweise, wie treu, wie zärtlich du liebest, dem Mädchen;
  Säe, was später du magst ernten mit vollem Ertrag.
Nicht auch komme Verdruß dir an ob der mürrischen Krankheit;
  Und es geschehe durch dich Alles, was selber sie läßt.
Weinen auch sehe sie dich; und es ekle dich nicht, sie zu küssen;
  Und mit dem trockenen Mund schlürfe die Thränen sie ein.
Thue Gelübde auch viel, doch laut; und fröhliche Träume,
  Die du erzählen ihr magst, schaue, so oft es beliebt.
Auch ein Mütterchen komme, zu reinigen Lager und Stätte,
  Eier und Schwefel voran haltend in zitternder Hand.
In dem Allen erkennt sie die Spuren erfreuender Sorge.
  Vielen schon hat zum Vertrag Solches geebnet den Weg.
Doch daß Dienste auch nicht zuwider dich machen der Kranken,
  Halte gehöriges Maß zärtlicher Eifer bei dir.
Wehr' auch zu essen ihr nicht, noch reich' ihr bitteren Trank dar.
  Nebenbuhler nur laß solchen ihr machen zurecht.

Doch des Windes, mit dem du gespannt die Segel vom Strand aus,
  Darfst du bedienen dich nicht, wann du die Mitte erreichst.
Schweift die Liebe noch jung, so sammle sie Kräfte durch Übung;
  Stark wird sie mit der Zeit, wenn du gehörig sie pflegst.
Was du fürchtest als Stier, das pflegtest als Kalb du zu streicheln.
  Ruthe erst war der Baum, welcher dir Schatten gewährt.
Klein entspringet der Strom, doch wird er mächtig im Laufe;
  Überall nimmt auf dem Weg viele Gewässer er auf.
Laß sie an dich sich gewöhnen, denn mächtiger Nichts als Gewohnheit.
  Scheue nur keinerlei Müh', bis du eroberst sie dir.
Immer sehe sie dich, ihr Ohr dir leihe sie immer;
  Dein Bild steh' ihr bei Tag, steh' ihr vor Augen bei Nacht.
Kannst du sicherer schon, man werde vermissen dich, hoffen;

  Dann wirst fern du ihr sein, daß sie sich sehne nach dir.
Laß ihr Ruhe; ein Feld, das geruht, giebt reichlichen Segen;
  Und das himmlische Naß saugt ein vertrocknetes Land.
Mäßiger brannt', als bei ihr er war, für Demóphoon Phyllis;
  Stärker erglühte die Lieb', als er die Segel gespannt.
Zehrt' an Penelope nicht der Gram um den fernen Ulysses?
  Dein Phylacide auch war, Laodamía, entfernt.
Doch sei kurz der Verzug; mit der Zeit ermattet die Sehnsucht.
  Liebe zum Fernen vergeht, neues Verlangen erwacht.
Während der Gatte entfernt, ruht Helena, daß sie nicht einsam
  Schlafe, bei Nacht von dem Arm zärtlich des Gastes umarmt.
Welch ein Blödsinn das, Menelaus! Du ließest allein sie;
  Unter dem nämlichen Dach waren der Gast und dein Weib.

Schüchterne Tauben vertrauest du an, Verrückter, dem Habicht?
Anvertrauest des Stalls Fülle dem Wolfe des Bergs?
Kein Verbrechen begeht hier Helena, keines der Buhle;
Thut er doch nur, was Du würdest und Jeglicher thun.
Zwingest zum Ehebruche du nicht, die Gelegenheit bietend?
Deinem eigenen Rath ist nur die Gattin gefolgt.
Was soll thun sie? Der Mann ist fern und ein artiger Gast da,
Und im verwittweten Bett mag sie nicht liegen allein.
Sehe der Mann da zu; denn Helena sprech' ich von Schuld frei;
Umgang hat sie gepflegt nur mit gefälligem Mann.
Nicht so rasend jedoch ist mitten im Zorne der Eber,
Wann er mit blitzendem Zahn wüthige Hunde zerfetzt;
Nicht die Löwin, gewährt sie den saugenden Jungen das Euter;
Kleine Nattern auch nicht, tritt sie unwissend ein Fuß:
Als ein Weib, betrifft sie im Ehebette ein Kebsweib,
Wüthet und auf dem Gesicht Zeichen des Inneren trägt.
Stürzend nach Feuer und Schwert, wie von des Aonischen Gottes
Hörnern gestoßen, einher stürmt sie, entäußert der Schaam.
Dies löst innig geschlossenen Bund und die festeste Liebe;
Solche Vergehn zu scheun hat der behutsame Mann.
Ihres Gemahles Vergehn und der Gattin beleidigte Rechte
Hat an dem eignen Geschlecht grausam Medea gerächt.
Minder nicht grausam war die Mutter auch, welche als Schwalbe

Jetzt du erblickst; die Brust hat sie gezeichnet mit Blut.
Auch verdammet euch nicht zu *einem* Mädchen mein Ausspruch.
Das sei fern . Kaum kann dieses verlangen die Frau.

Liebt! Doch werde verhehlt die Schuld in bescheidnem Genusse;
Ruhm mit seinem Vergehn suche mit nichten der Mann.
Gieb Geschenke auch nicht, die könnte erkennen die Andre;
Laß auch bestimmt die Zeit deiner Bestellung nicht sein.
Daß dich die Frau nicht sah' auch in ihr bekanntem Verstecke,
Hüt' an dem nämlichen Ort Jede zu treffen dich hübsch.
Wann du schreibst, sieh selber erst ein die sämmtlichen Blätter;
Mehr als ihnen geschickt, lesen so Manche darin.
Liebe, gekränkt, rücksendet den Pfeil in gerechter Vergeltung;
Was sie nur eben beklagt, läßt sie beklagen dich selbst.
Keusch war, während sich noch der Atride mit *einer* begnügte,
Auch sein Weib; durch die Schuld wurde sie böse des Manns.
Chryses, hörte sie, hab', obgleich in der Hand er den Lorbeer
Trug und die Binden ums Haupt, Nichts für die Tochter vermocht;
Hörte, Lyrnesierin, als weg man dich führte, dein Jammern,
Und daß schimpflich der Krieg längere Dauer gehabt.
Doch dies hörte sie nur; selbst sah sie des Priamus Tochter:
Seiner Erbeuteten war schimpfliche Beute der Held.
Drum nahm auf in das Bett wie in's Herz den Sohn des Thyestes
Tyndars Tochter und straft' übel den fehlenden Mann.
Kommt dein Thun, wie gut auch verhehlt, doch irgend zu Tage;
Wär' es auch klar, wie der Tag, leugne du dennoch es stets;
Sei demüthig du weder, noch schmeichlerischer als immer:
Solches Benehmen enthält schuldigen Herzens Beweis.
Schone jedoch die Brust auch nicht; in *einer* Umarmung
Gänzlicher Friede; mit *der* leugne den frühern Genuß.
Kräuter, wie Knabenkraut, die schaden, empfehlen zu nehmen

Manche; ich halte dafür, damit empfehlen sie Gift.
Oder sie mischen mit Pfeffer den Samen der stechenden Nessel,
Gelbes Pyrethrum, in Wein alten Gewächses gerührt.
Doch läßt zwingen nicht so sich zu ihren Genüssen die Göttin,
Die auf des Eryx Höh' thronet im schattigen Hain.
Weiße Zwiebel, geschickt aus Alcáthoe, Stadt der Pelasger,

Und das geile Gewächs, das aus dem Garten uns kommt,
Eier auch magst du nehmen und nehmen Hymettischen Honig;
Nüsse auch, welche am Blatt stachliche Fichten erzeugt.
Doch was schweifst du, Erato, ab zu ärztlichen Mitteln?
Halten mit meinem Gespann muß ich auf näheres Ziel.
Der du nach meinem Rath erst deine Vergehen verhehltest,
Kehre nun um, thu' kund heimlicher Freuden Genuß.
Zeiht leichtfertigen Sinnes mich nicht. Nicht fördert derselbe
Wind die Schiffenden stets auf dem gebogenen Kiel.
Denn mit dem Ostwind fahren wir bald, mit dem Thracischen Nord bald;
Oft von dem Zephyr und oft schwellen die Segel vom Süd.
Sieh, bald läßt auf dem Sitz der Lenker die flatternden Zügel
Schießen, und wieder geschickt hemmt er das rasche Gespann!
Mancher erweist man widrigen Dienst mit schüchterner Nachsicht,
Und der Liebe gebricht ohne Rivalin der Reiz.
Meist ist übermüthig das Herz in günstiger Lage,
Und gleichmüthig das Glück ist zu ertragen nicht leicht.
Wie schwach glimmendes Feuer, an Kraft abnehmend allmählich,
Selber sich birgt, und weiß oben die Asche nur glüht;
Doch, wann Schwefel hinan man hält, die erloschene Flamme

Wieder erhält und hell wieder entbrennt, wie zuvor:
So, wann träge vor Ruh und frei von Besorgniß die Brust starrt,
Muß die Liebe geweckt werden durch wirksamen Reiz.
Laß sie fürchten um dich, daß wieder erwarme das Herz ihr;
Durch die Entdeckung blaß werde sie deines Vergehns.
O viermal und so oft nicht möglich zu sagen mit Zahlen
Glücklich, um den sich ein Weib wegen Verletzung betrübt!
Wenn sie, sobald mit sich sträubendem Ohr sie vernimmt die Verschuldung,
Außer sich wird und vor Schmerz Stimme und Farbe verliert!
Der wünscht' ich mir zu sein, deß Haar sie wüthend zerzauste,
Dem mit den Nägeln sie wild führ' in das zarte Gesicht;
Den sie mit Thränen im Blick ansähe, mit trotzigen Augen;
Ohne welchen sie nicht wäre zu leben im Stand.
Doch sei kurz nur die Zeit, in der die Beleidigte jammert,
Daß nicht Kräfte der Zorn

Alsbald werde der Arm um den glänzenden Nacken geschlungen,
Werde das weinende Weib zärtlich gedrückt an die Brust.
Küsse sie unter den Thränen, gewähr' ihr Genuß in den Thränen:
Friede wird sein; es läßt so nur sich stillen der Zorn.
Hat sie tüchtig gerast, erscheint sie als sichere Feindin;
Suche im Beischlaf dann Einigung, und sie verzeiht.
Allda ruhen die Waffen, allda ist heimisch die Eintracht;
Da ward, glaube es mir, da die Versöhnung gezeugt.
Tauben, die eben gekämpft mit einander, vereinen die Schnäbel;
Ihr Liebkosen, ihr Herz spricht in dem Girren sich aus.

Anfangs war die Welt nur eine verworrene Masse,
Boten nur ein Ansehn Erde, Gestirne und Meer.
Da legt' über die Erde der Himmel, das Meer um das Land sich;
Und nach der Theile Natur schied sich des Chaos Gewirr.
Vögel bekam die Luft, Wildthiere der Wald zum Besitze;
In durchsichtiger Fluth barg sich die schuppige Schaar.
Einsam schweifte umher das Menschengeschlecht auf den Fluren,
Und in der rohen Brust waltete einzig die Kraft.
Wald war Wohnung und Lager das Laub und Kräuter die Speise.
Lange hindurch da war Keinem der Andre bekannt.
Milder gemacht soll haben die trotzigen Herzen die Wollust:
Ein an demselbigen Ort fand sich der Mann und das Weib.
Was sie da sollten, erkannten sie selbst ohn' alle Belehrung;
Kunstlos gänzlich vollzog Venus das süße Geschäft.
Vögelchen hat sein Lieb, Fischweibchen immitten des Wassers
Findet das Männchen, mit dem seine Genüsse es paart.
Ihresgleichen gesellt sich die Hindin, die Schlange der Schlange;
Mit dem Hunde verstrickt hängt zur Begattung der Hund.
Die plattnäßige Ziege erträgt den unsauberen Gatten;
Fröhlich des Sprungs ist das Schaaf, fröhlich des Stieres die Kuh,
Brunst treibt an die Stute, und über geräumige Strecken
Folgt sie dem wiehernden Hengst, ist er getrennt durch den Strom.
Darum auf und gieb der Beleidigten kräftige Mittel;
Diese gewähren allein Ruhe von wüthendem Schmerz.
Diese Mittel, sie thun es zuvor den Säften Machaons:

Damit, hast du gefehlt, mache dich wieder beliebt.
Während ich also sang, da ließ, urplötzlich erscheinend,
Seines vergoldeten Spiels Saiten ertönen Apoll.
Lorbeer war in der Hand; um das heilige Haar ihm geschlungen
War Lorbeer – *er* kommt sichtbar zum Dichtergeschlecht –.
Dieser begann zu mir: Du Lehrer der üppigen Liebe,
Meinem Tempel, wohlan, führe die Lernenden zu!
Allda stehet ein Wort, weithin auf der Erde gefeiert,
Das Jedweden ermahnt kennen zu lernen sich selbst.
Wer sich selber erkannt, nur der wird lieben mit Weisheit,
Seinen Kräften gemäß treiben ein jedes Geschäft.
Hat dir Wuchs verliehen Natur, so lasse ihn sehen;
Hast du Farbe, so lieg' öfters, die Schulter entblöst.
Wer durch Rede gefällt, der meide die schweigsame Stille:
Singe, wer singt mit Kunst; trinke, wer trinket mit Kunst.
Reden jedoch nicht halt' in gewöhnlichem Stile der Redner;
Euere Schriften auch lest, schlechte Poeten, nicht vor.
Also des Phöbus Rath. So gehorchet dem Rathe des Phöbus:
Wahr ist, was *der* Gott spricht mit dem heiligen Mund.
Näherem wend' ich mich zu. Es wird, wer weise nur liebet,
Siegen, und was er begehrt, haben durch unsere Kunst.
Nicht giebt immer mit Zinsen zurück den Samen die Furche,
Noch begünstigt der Wind immer das schwankende Schiff.
Wenig ist, was da erfreut; Mehr ist, was Liebende kränket.
Stelle dir vor, daß Viel, Viel zu ertragen du hast.
So viel Hasen ernährt der Athos und Bienen der Hybla;
So viel Pallas' Baum bläuliche Beeren beschert;

So viel Muscheln der Strand: so viel hat Schmerzen die Liebe;
Reichlich in Galle getaucht ist der uns treffende Pfeil.
Die du vielleicht wirst sehn, sei, wird man sagen, daheim nicht.
Glaube, daß falsch du siehst, daß sie zu Hause nicht ist.
Findest du in der versprochenen Nacht die Thüre verschlossen,
Sei auf die schmutzige Erd' auch dich zu legen bereit.
Auch sagt wohl die Lügnerin Magd mit verächtlicher Miene:
Was belagert denn der unsere Thüre da so?
Auch liebkos' auf den Knieen der Thür der grausamen Schönen;

Nimm die Rosen vom Haupt, leg' auf die Schwelle sie hin.
Wann sie es wünscht, so komm; geh' weg, sobald sie dich meidet.
Fallen zu sehn sich zur Last ziemt für den Edlen sich nicht.
Laß sie sagen dir nicht: Ist dem denn nicht zu entgehen?
Nicht zu jeglicher Zeit sind die Gefühle erregt.
Halt' auch Schmähungen nicht, noch Schläge zu leiden vom Mädchen,
Noch dem niedlichen Fuß Küsse zu geben, für Schimpf.
Doch was weil' ich bei Kleinem? Auf Größeres richtet der Geist sich.
Wichtiges sing' ich. Herbei, Hörer, mit ganzem Gemüth!
Schwer ist, was ich beginne; doch schwer ist jegliches Hohe.
Sauere Mühe und Kampf fordert auch unsere Kunst.
Nebenbuhler ertrag' in Geduld: so wird dir zur Seite
Stehen der Sieg, und im Kranz Jupiters Tempel dich sehn.
Glaube, ein Mensch nicht sagt dir dies, nein, Griechische Eichen.
Größeres kann dir Nichts bieten, als dieses, die Kunst.
Winkt sie ihm zu, so ertrag's; und schreibt sie, berühre den Brief nicht.
Laß sie kommen, woher, gehen, wohin sie nur will.

Dieses gesteht der Mann ja zu der gesetzlichen Gattin,
Da denn ein lockerer Schlaf selber zu Hülfe ihm kommt.
Ich bin zwar, ich gesteh's, hierin mit nichten ein Meister;
Meinen Lehren vermag selber zu folgen ich nicht.
Sehen sollt' ich, daß Wer zuwinkte meiner Geliebten,
Ohne daß mich der Zorn triebe ich weiß nicht wohin?
Einmal hatte geküßt sie ihr Mann. Ich klagte darüber;
Meiner Liebe gebricht feinere Bildung zu sehr.
Nicht nur *ein* Mal schadete mir *der* Fehler; gescheiter
Ist, auf wessen Betrieb andere Männer sich nahn!
Besser nun war's, unwissend zu sein. Deck' auf nicht die Buhlschaft;
Sonst vom besiegten Gesicht flieht die geständige Schaam.
Hüte darum, o Jüngling, dich wohl, zu betreffen dein Mädchen.
Sündige sie und glaub' immer, sie führe dich an.
Stärker nur lieben Betroffne. Wo zwei in der nämlichen Lage,
Da beharret bei dem Jeder, was schädlich ihm ist.
Stoff zur Erzählung giebt im ganzen Himmel das Märchen,
Wie durch Mulcibers List Venus gefahen und Mars.

Vater Mars, für Venus entbrannt in unsinniger Liebe,
War Liebhaber in Form worden, der schreckliche Held.
Für des Gradivus Flehen auch war – denn weicher ist keine
Unter der Göttinnen Zahl – Venus nicht spröde und taub.
Ach, wie soll sie so oft, die Lose, der Füße des Gatten
Haben gelacht und der Hand, hart von der Gluth und der Kunst!
Auch nachahmte zugleich sie vor Mars den Vulcan; und es stand ihr;
Reizende Anmuth war da mit der Schönheit gepaart.

Doch verhehlten sie wohl die ersten Umarmungen immer,
  Und es war noch die Schuld voll der erröthenden Schaam.
Aber durch Sols Verrath – wer könnte vor Sol sich verbergen? –
  Wurde Vulcan das Thun seiner Gemahlin bekannt.
Böses Beispiel giebst du da, Sol. Bitt um ein Geschenk sie.
  Sicherlich hätte sie eins, wärst du verschwiegen, für dich.
Mulciber legt und vertheilt ringsher verborgene Schlingen
  Über und um das Bett, daß sie dem Auge entgehn;
Stellt sich darauf nach Lemnos zu gehn. Die Liebenden kommen.
  Beide nun liegen sie nackt da, in die Schlingen verstrickt.
Da ruft Jener die Götter zum Schauspiel, das die Gefangnen
  Boten. Der Thränen enthielt Venus, erzählt man, sich kaum.
Nicht ihr Antlitz sind zu verhüllen sie, noch auch die Hände
  Vor nur zu halten im Stand selber den Theilen der Schaam.
Da sprach Einer mit Lachen: Auf mich trag' über die Banden,
  O du tapferer Mars, wenn sie beschwerlich dir sind.
Kaum auf Bitten Neptuns löst er die Gefesselten wieder.
  Thraciens Flur sucht Mars, Venus die Paphische auf.
Das nur hast du gewonnen, Vulcan: was erst sie verbargen,
  Thun sie nun freier; es hält keinerlei Schaam sie zurück.
Oft bekennst du jedoch, verstandlos thöricht gewesen
  Wärst du, und deinen Zorn hättest du, glaubt man, bereut.
Davor warnt' ich; es warnt euch da die betroffne Dione,
  Fallen zu stellen, wie die, welche man stellte ihr selbst.
Legt auch ihr nicht Schlingen dem Nebenbuhler und fanget
  Worte, von heimlicher Hand etwa geschrieben, nicht auf.

Dem nachstrebe der Mann, wenn ja er glaubt es zu müssen,
Den zum gesetzlichen Mann Feuer und Wasser gemacht.

Wieder erklär' ich es laut: hier gilt's nur gesetzlich erlaubtes
Kosen; von unserer Lust schließen die Falbel wir aus.
Wer wagt kund wol zu thun Unheiligen Ceres' Gebräuche
Und die erhabenen Weihn, die Samothrace erfand?
Klein ist die Tugend, Etwas zu verschweigen; dagegen zu sagen,
Was zu verschweigen man hat, straft sich als schweres Vergehn.
Wohlverdient ist, daß der geschwätzige Tantalus schmachtet
Mitten im Strom und umsonst hascht nach den Früchten des Baums.
Venus vor allen befiehlt von ihren Opfern zu schweigen.
Daß kein Schwätzer daher ihren Altären sich naht!
Sind Cytherens Geheimnisse nicht in Kästen verborgen,
Schallt auch bauchiges Erz nicht von unsinnigem Schlag;
Sind sie doch unter uns in allgemeinem Gebrauche,
Aber doch so, daß wir halten sie sollen geheim.
Venus selber auch hält, so oft sie ab das Gewand legt,
Halb gebogen die Schaam sich mit der Linken bedeckt.
Frei an jeglichem Ort paart nur sich das Vieh; auch von diesem
Anblick wendet das Weib immer ihr Auge hinweg.
Passend für uns zu geheimem Genuß sind Kammer und Hausthür,
Und es verbirgt sich die Schaam unter der Hülle des Kleids.
Und wenn Finsterniß nicht, doch Etwas von düsterem Schatten
Suchen wir, Etwas, das offenem Tage nicht gleicht.

Auch zu der Zeit, da Dachung noch nicht vor Sonne und Regen
Schützt' und die Eiche nur noch Speise gewährte und Dach,
Paarte in Höhlen und Wald sich, nicht im Freien, die Wollust;
So sich beflissen der Schaam zeigte das rohe Geschlecht.
Aber in jetziger Zeit legt Ruhm man dem nächtlichen Thun bei,
Läßt viel kosten es sich, sprechen zu können davon.
Freilich du wirst durchmustern die Mädchen alle, damit du
Sagen von jeder nur kannst: Diese auch hab' ich gehabt.
Daß nicht fehlen dir Mädchen, darauf mit den Fingern zu zeigen,
Machst du zum Märchen der Stadt Jede, die an du gerührt.
Mehr noch: Mancher ersinnt, was, wäre es wahr, er bestritte,
Und sagt Jeglicher nach, daß er geschlafen bei ihr.
Kann den Körper er nicht, so faßt er – das kann er – den Namen;
Und er schändet den Ruf ohne Berührung des Leibs.
Geh' jetzt, schließe die Thür, du verhaßter Hüter, des Mädchens,
Riegel hundert und mehr leg' an die eichene Thür.
Was ist sicher, wofern ein Ehrenschänder vorhanden?
Scheinen er will, was ihm nimmer gelungen zu sein?
Wir gestehen nur karg selbst wirklich genossene Liebe;
Treulich verborgen von uns bleibt die verstohlene Lust.
Meid' es zumal, Gebrechen dem Weib zu machen zum Vorwurf,
Die zu verhehlen mit Fleiß Vielen ersprießlich schon war.
Ihre Farbe auch warf nicht vor der Andrómeda Jener,
Der an der Füße Paar schwingbare Fittige trug.
Allen erschien Andrómaches Form als allzubehäbig;
Aber von mäßigem Wuchs nannte sie Hector allein.

Was dich verdrießt, das werde gewohnt; du erträgst es. Gar Vieles
Mildert die Zeit, nur bemerkt Alles die Lieb' im Beginn.
Während das junge Reis mit der grünen Rinde noch anwächst,
Wird es erliegen, noch zart, jeder Erschüttrung der Luft.
Aber gehärtet im Laufe der Zeit, beut Trotz es den Winden,
Trägt, ein erstarkter Baum, Schätze veredelter Art.
Jeglichen Makel benimmt der Zeitlauf selber dem Körper;
Aufhört Fehler zu sein, was es erst war, mit der Zeit.
Neulingsnasen verschmähn den Geruch zu ertragen der Stierhaut;
Stete Gewöhnung läßt merken sie nicht den Geruch.
Garstiges mildere man durch die Namen; man nenne die Braune,
Deren Geblüt aussieht schwarz wie Illyrisches Pech.
Ist sie blinzelnd, so gleicht sie der Venus, und blond der Minerva;

Schlank sei, die da kaum leben vor Magerkeit kann.
Nenne gefüg, die kurz; die strotzt vor Dicke, voll Fülle:
Birg die Fehler in Lob, welches den Fehlern verwandt.
Forsche auch nicht nach dem Alter, in welchem Jahre das Licht sie
Habe erblickt – das ist strenger Censoren Geschäft –;
Wenn sie zumal nicht blühend mehr ist und die bessere Zeit schon
Hinter sich hat und heraus weißliche Haare sich zupft.
Brauchbar, Jünglinge, ist dies oder ein späteres Alter:
Das ist ein Feld, das Frucht trägt, das besäen man muß.
Weil es Jahre und Kraft noch gestatten, so scheuet nicht Mühen;
Bald mit schweigsamem Fuß nahet das Alter gebückt.
Mögt ihr mit Rudern das Meer, mit der Pflugschaar spalten die

Erde,
Oder den krieg'rischen Arm rüsten mit grausamer Wehr,
Oder Lenden und Kraft und Arbeit widmen den Weibern:
Dieses auch ist Kriegsdienst, dieses auch bringet Gewinn.
Größere Klugheit auch wohnt diesen bei im Geschäfte
Und die Übung, allein Meister zu machen geschickt.
Diese ersetzen durch netten Geschmack den Schaden der Jahre;
Und die Pflege bewirkt, daß sie erscheinen nicht alt.
Wie du nur willst, gewähren sie Lieb' in tausend Gestalten.
Mehrere Arten ersinnt eine Tabelle dir nicht.
Sie empfinden ein nicht durch Reiz erzeugtes Entzücken:
Gleichen Theil am Genuß trage das Weib und der Mann.
Beischlaf ist mir verhaßt, bei dem nicht Beide zerschmelzen.
Knabenliebe auch sagt darum mir weniger zu.
Nicht mag haben ich die, die nur gezwungen sich hingiebt
Und für ihre Person kalt an den Rocken nur denkt.
Liebeswonne, gewährt von der Pflicht, ist ohne Genuß mir;
Dienste der Pflicht soll mir leisten mit nichten ein Weib.
Hören will ich die Laute, wodurch ihr Entzücken sie kund giebt;
Aus noch zu halten bei ihr, möge sie bitten mich selbst.
Sehen will ich die Augen des trunkenen Mädchens bezwungen;
Matt verbiete sie mir, lange nicht wieder zu nahn.
Gaben der Art verlieh die Natur nicht erstem Erblühen;
Jahre dreißig und fünf sind zu erfüllen vorher.
Hast du es eilig, so trinke nur Most; mir spende bejahrten
Trank ein Fäßchen, zur Zeit alter Consulen verwahrt.
Spät erst kann die Platane den Weg versperren der Sonne;

Eben geschorenes Feld stachelt den nackenden Fuß.
Könntest Hermionen du vor Helena geben den Vorzug?
Gorge käme dir vor besser, als die sie gebar?
Ja, wenn widmen du dich willst einer reiferen Liebe,
Wirst, wenn aus du nur hältst, reichlich belohnt du dich sehn.
Siehe das trauliche Bett! Zwei Liebende hat es empfangen.
Bleib', o Mus', an der Thür stehn des verschloßnen Gemachs.
Ohne dich schon werden geläufige Worte sie sprechen,
Und unthätig nicht wird liegen die Linke im Bett.
Finden werden die Finger zu thun an den reizenden Theilen,
Wo, von Amor gesandt, haftet der heimliche Pfeil.
Das that bei Andrómache einst der tapfere Hector,
Und nicht war er ein Held, tauglich zum Kriege allein.
Bei der gefangnen Lyrneserin that's der große Achilles,
Wann er sich müde vom Feind streckt' auf den schwellenden Pfühl.
Von den Händen betasten sich ließ die Tochter des Brises,
Die fortwährend getaucht waren in Phrygisches Blut,
Oder war es das eben, was dich, du Lose, erfreute,
Daß du an deinem Leib fühltest den siegenden Arm?
Glaube mir, übereilen nicht darf man den Kitzel der Liebe,
Sondern nur nach und nach reizen mit zögernder Lust.
Hast du die Orte entdeckt, die gern sich betasten das Weib läßt,
Stehe die Schaam dir nicht sie zu betasten im Weg.
Funkeln wirst du dann sehn die Augen in zitterndem Glanze,
Wie die Sonne zurück glänzt aus dem Spiegel der Fluth.
Klagen stellen sich ein, einstellt sich ein liebliches Flüstern,

Und ein Seufzen so süß; Worte, entsprechend der Lust.
Doch laß nicht die Geliebte im Stich, mit volleren Segeln
Schiffend; und deiner Fahrt komme auch sie nicht zuvor.
Schreitet zum Ziele zugleich: dann ist vollkommen die Wonne,
Wann gleichzeitig besiegt liegen der Mann und das Weib.
Dies ist der Weg, den gehen man muß, gestattet die Zeit es,
Und beschleunigt die Furcht nicht das verstohlene Werk.
Drohet Gefahr im Verzug, so lege mit Macht dich aufs Ruder,
Rath' ich, und setze dem Pferd ein zum Galoppe den Sporn.
Da ist das Ende des Werks. Gieb dankbar, Jugend, die Palme;
Winde den Myrtenkranz mir in das duftende Haar.
Was Podalirius war bei dem Danaervolk in der Heilkunst,
Nestor an klugem Sinn, Äacus' Sproß mit dem Arm,
Calchas im Eingeweid', Autómedon war auf dem Wagen,
Télamons Sohn mit der Wehr: das in der Liebe bin ich,
Feiert als Sänger denn mich, ihr Männer, und stimmet mein Lob an;
Weit und breit in der Welt werde mein Name gerühmt.
Waffen euch hab' ich gegeben, es gab sie Vulcan dem Achilles:
Sieget nun mit dem Geschenk, das ihr empfangen, wie er.
Doch wer immer bezwingt mit meinem Stahle ein Mädchen,
Schreib' auf die Beute: Es war Naso der Lehrer der Kunst.
Siehe, es bitten die Mädchen, nun Lehren auch ihnen zu geben!
Sorge für euch denn wird tragen das folgende Blatt.

Drittes Buch

Gegen die Amazonen bewehrt' ich die Dánaer; Wehr auch
  Habe für dich und dein Volk, Penthesiléa, ich noch.
Geht in den Krieg denn gleich. Wem Venus Gunst und der Knabe,
  Welcher die Welt durchfliegt, spendet, gewinne den Sieg.
Nicht war's billig, zu gehn in den Kampf mit Bewaffneten wehrlos.
  So war schimpflich es auch, Männer, zu siegen für euch.
Der und Jener vielleicht wird sagen: Was giebst du der Schlange
  Gift noch? und giebst den Stall reißenden Wölfinnen Preis?
Möget ihr nicht nur Weniger Schuld ausdehnen auf Alle;
  Jegliches Mädchen geschätzt werde nach ihrem Verdienst.
Wenn der jüng're Atride die Hélena, Helenas Schwester
  Eines Verbrechens zu zeihn freilich der ältere hat;
Wenn der Öclide durch Schuld Eriphýles, Tálaus' Tochter,
  Lebend zum Ufer der Styx kam auf lebend'gem Gespann:
Ist Penélope treu, indeß zehn Jahre der Gatte
  Irret umher und Krieg ebenso lange auch führt.
Denk' an Phýlacus Sproß und an die, die ihrem Gemahle
  Folgte und vor der Zeit, sagt man, sich weihte dem Tod.
Pheres' Sprößling erlöste vom Tod die Thessalische Gattin;
  Statt der Leiche des Manns trug man zu Grabe die Frau.
Nimm mich, Cápaneus, auf, sprach Iphis' Tochter, die Asche
  Mischen wir noch! und sie sprang mitten hinein in die Gluth.
Selber die Tugend auch ist ein Weib nach Kleidung und Namen.
  Ist's ein Wunder, wenn hold ihrem Geschlecht sie sich zeigt?

Solche Gesinnung jedoch beansprucht unsere Kunst nicht;
Unserem Fahrzeug stehn kleinere Segel nur an.
Lockerer Liebesgenuß nur lernt sich durch meine Belehrung;

Vorschrift über die Art geb' ich zu lieben ein Weib.
Weder der Flammen erwehrt sich das Weib, noch des grausamen Bogens;
Weniger schaden dem Mann sehe ich dieses Geschoß.
Männer betrügen gar oft, nicht oft die liebenden Mädchen;
Selten begehn sie die Schuld, forschest du nach, des Betrugs.
Colchis' Tochter, schon Mutter, verstieß der falsche Jáson;
Eine andere Frau kam ins Äsonische Bett.
Kam es auf Theseus an, so hätt' Ariadne, verlassen
An unwirtlichem Strand, Vögel geweidet der See.
Frage, warum *ein* Weg neun Wege geheißen, und höre:

Wälder geschorenen Haars haben die Phyllis beweint.
Und den Ruf der Treue wol hat, war aber, Elissa,
Dir Ursache des Tods, reichte das Schwert dir, dein Gast.
Was verderblich euch war, ist, daß ihr zu lieben nicht wußtet;
Ja, euch fehlte die Kunst: Liebe bestehet durch Kunst.
Heute noch wüßten sie's nicht; doch mich wies an es zu lehren
Venus, und meinem Blick stellte sie selber sich dar.
Was doch haben, begann sie, die armen Mädchen verschuldet,
Daß man sie wehrlos Preis giebt dem bewaffneten Mann?
Diesen haben gemacht zwei Bücher zum fertigen Meister;
Komm' auch dem anderen Theil deine Belehrung zu gut.
Er, der Schmähungen erst gesagt dem Therapnischen Weibe,

Bald in günstigerm Ton ließ er erschallen ihr Lob.
Kenn' ich dich recht, so kränkest du nicht die reizenden Mädchen;
Streben nach deren Gunst mußt du, so lange du lebst.
Sprach's und reicht' aus der Myrte – das Haar mit Myrte durchflochten
Stand sie da – mir ein Blatt dar und der Beeren ein Paar.
An dem Empfangnen auch merkt' ich die Gottheit; es strahlte der Himmel
Reiner, und eine Last fiel mir hinweg von der Brust.
Während noch wirkt der Geist, schöpft hier Vorschriften, ihr Mädchen,
Denen besonderes Recht, Schaam und Gesetz es erlaubt.
Nehmet Bedacht schon jetzt auf das einst annahende Alter,
So wird unnütz euch keine Minute vergehn.
Liebet, so lange ihr könnt und die wirklichen Jahre ihr angebt;

Denn die Jahre vergehn gleich der entströmenden Fluth.
Wie die Welle, vorübergeströmt, nicht wieder zurückkommt,
Kehrt die Stunde auch nicht, einmal vergangen, zurück.
Darum benutzt die Zeit; denn flüchtigen Fußes enteilt sie;
Keine, die folgt, ist so, wie die gewesene, gut.
Hab' ich nicht dieses Gestrüpp, jetzt grau, als Violen gesehen?
Hat mir der Dorn da nicht liebliche Kränze gewährt?

Kommen auch wird's, daß du, die jetzt den Liebenden ausschließt,

Alt und kalt daliegst in der verlassenen Nacht.
Weder in nächtlichem Streit wird dann die Thür dir zerbrochen,
Noch mit Rosen bestreut findest die Schwelle du früh.
Ach, wie so schnell wird leider die Haut durch Runzeln erweitert,
Schwindet die Farbe, die erst hatte das schöne Gesicht!
Haare, von denen du schwörst, daß grau sie gewesen von klein auf,
Zeigen sich über den Kopf überall plötzlich gesprengt.
Mit dem Balge zugleich ziehn aus die Schlangen das Alter;
Nicht zum Greise den Hirsch macht das geworfne Geweih.
Unsere Reize entfliehn unhaltbar: pflücket die Blume,
Die, wird nicht sie gepflückt, schmählich von selber verwelkt.
Auch Geburten verkürzen die Zeit der flüchtigen Jugend.
Durch fortwährenden Schnitt altert am Ende das Feld.
Über Endymion nicht auf dem Latmus erröthest du, Luna;
Über des Céphalus Raub, rosige Göttin, du nicht.
Sieht man der Venus Adónis auch nach, den noch sie betrauert,
Ihren Äneas doch hat, ihre Harmónia sie.
Ahme, o sterblich Geschlecht, nur nach der Göttinnen Beispiel:
Euere Freuden versagt nimmer dem brünstigen Mann.
Mag er genießen nun auch, was kostet's euch? Alles ja bleibt euch.
Nehm' er auch tausendmal, darum verliert ihr doch Nichts.
Eisen nützet sich ab; dünn wird vom Gebrauche der Kiesel;
Aushält stets *der* Theil, hat nicht zu fürchten Verlust.
Wer verböte, vom Licht, das da steht, Licht zu entnehmen?

Wer bewahrte der Fluth Fülle im Becken des Meers?
Und doch spricht noch ein Weib zum Manne: Es ist mir nicht dienlich?

Sage mir, was für Verlust hast du als Wasserverbrauch?
Auch giebt Preis euch nicht mein Wort; nur eitle Verluste

Sollt ihr nicht fürchten: Verlust bringet Gewährung euch nicht.
Doch da segeln ich will mit dem Wehen stärkeren Windes,
Führe ein sanfterer Hauch erst aus dem Hafen das Schiff.
Mit der Pflege beginn' ich. Gepflegt gewähren die Trauben
Wein, und üppige Saat steht im gepflegten Gefild.
Schönheit schenket ein Gott. Wie Wenige prangen in Schönheit!
Wahrlich, dem größeren Theil fehlt es an solchem Geschenk.
Pflege bewirkt Ansehn; Ansehn, versäumet, entschwindet,
Wär' es der Göttin auch gleich, die auf Idálium thront.
Pflegten in ältester Zeit nicht so den Körper die Mädchen,
Hatten sie Männer auch nicht, so auf die Pflege bedacht.
War Andrómache nur mit starkem Gewande bekleidet,
War's ein Wunder? Sie war rauhem Soldaten vermählt.
Freilich dem Ajax, dem Stierhäute sieben zur Deckung
Dienten, ihm hätte die Frau sollen im Schmucke sich nahn!
Rohe Einfalt herrschte vordem; der bezwungenen Erde
Große Schätze besitzt jetzo das goldene Rom.
Schaue das Capitol, wie jetzt es ist, wie es gewesen.
Einem anderen Gott, meintest du, hab' es gehört.
Und die Curia, jetzt so würdig so hoher Versammlung,

War, als Tatius' Hand lenkte das Steuer, von Stroh.
Und das Palatium, das jetzt unter Phöbus und Fürsten
Schimmert, es bot nur dar Weide dem pflügenden Stier.
Andre erfreue das Alte; ich schätze mich jetzt erst zu leben

Goldene Tempel erfreuen auch uns, so sehr wir die alten
Billigen; dieser Glanz stehet den Himmlischen an.
Loben wir auch die vergangene Zeit, wir genießen die unsre,

Glücklich; die jetzige Zeit eignet sich meinem Geschmack.
Nicht weil jetzt das geschmeidige Gold man entziehet der Erde,
Und die Muschel, gesucht, kommt vom entlegenen Strand;
Nicht weil durch Entgrabung des Steins abnehmen die Berge,
Und die bläuliche Fluth wird durch Gebäude verdrängt:
Nein, weil Bildung herrscht, und nicht forterbend die Rohheit
Unserer Väter gewährt hat bis auf unsere Zeit.
Ihr auch belastet das Ohr euch nicht mit theueren Steinen,
Die der Indische Mohr sucht in der grünlichen Fluth.
Tretet auch auf nicht schwer in golddurchwobenen Kleidern.
Solches Geschmeide verscheucht, statt uns zu fesseln, uns oft.
Sauberkeit nimmt uns ein; nicht regellos hange das Haupthaar;

Schönheit giebt und benimmt eine geschäftige Hand.
Arten auch giebt es des Schmucks gar viel. Es wähle sich Jede,
Was ihr steht; nur um Rath frage den Spiegel sie erst.
Scheiteln des bloßen Kopfs ist passend dem langen Gesichte:
Also trug das Haar Laodamia im Schmuck.
Daß ein kleineres Nest an der Stirn' ihr oben verbleibe,

Frei zu lassen das Ohr, fordert ein rundes Gesicht.
Eine Andere lasse das Haar umflattern die Schultern,
Wie mit dem Saitenspiel Phöbus als Sänger erscheint.
Diese bind' es zurück nach Art der geschürzten Diana,
Wie sie es trägt bei der Jagd auf das erschrockene Wild.
Jener steht's, wenn locker gebauscht ihr liegen die Haare;
Diese erscheine, das Haar straff an den Schädel gelegt.
Diese gefällt, geordnet den Zopf in Cyllenischer Leier;
Jener walle das Haar busig wie Fluthen des Meers.
Wie du zählen nicht kannst an der Eiche die Eckern, die Bienen
Nicht auf des Hybla Höhn, noch auf den Alpen das Wild:
So ist's möglich mir nicht, die Lagen des Haares zu zählen.
Andere Arten der Tracht bringet ein jeglicher Tag.
Auch ein versäumtes Haar steht Vielen. Das gestrige meinst du
Hängen zu sehn; es ist eben nur wieder gekämmt.
Zufall scheine die Kunst. So sah der Alcide und liebte
Íole, wie er sie sah, als er erobert die Stadt.
So nahm Bacchus dich, du verlassenes Mädchen von Gnossus,
Auf in den Wagen, indeß schrieen die Sátyrn Juchhei.
O wie ist willfährig Natur für euere Schönheit,
Da ausgleichen ihr könnt Mängel auf vielerlei Art.
Uns deckt schmählich es ab; und geraubt von den Jahren, entfallen,
Gleich dem Laub bei des Nords Toben, die Haare dem Kopf.
Weiber färben ihr Grau mit Germanischen Kräutern, und beßre
Farbe verschafft die Kunst, als die natürliche ist.
Weiber gehen einher mit dem dichtesten Zopf, der erkauft ist;

Und zu eigenem Haar machen sie fremdes für Geld.
Offen zu kaufen erröthet man nicht; vor Hercules' Augen
Und vor der Jungfraun Chor sehn wir den Handel geschehn.
Was erwähn' ich die Kleidung? Da fehlt es weder an Spitzen,
Noch an Wolle, getaucht doppelt in Tyrisches Roth.

Da der Farben so viel vorhanden geringeren Preises,
Ist's nicht rasend, am Leib Habe zu tragen und Gut?

Frauen gehen einher mit der Habe bekleidet der Enkel.

Siehe, die Farbe der Luft, wann ohne Wolken der Himmel,
Und der lauliche Süd nicht sie mit Regen erfüllt!
Siehe die Farbe, die ähnlich ist dir, der Phryxus und Helle
Einst du der Ino List habest, erzählt man, entrückt!
Die ist ähnlich den Wogen und hat von den Wogen den Namen.
Nymphen bedecken sich wohl, mein' ich, mit solchem Gewand.
Die stellt Safran dar; ein safranfarbenes Kleid schmückt,
Wann sie ihr leuchtend Gespann schirret, die Göttin des Thaus.
Purpurnem Amethyst gleicht die, die Paphischer Myrte;
Weißen Rosen die, Thracischen Kranichen die.
Mandeln gebrechen auch nicht, noch deine Frucht, Amarýllis;
Seinen Namen auch gab flockiger Wolle das Wachs.
So viel Blumen die Erde erzeugt, wann Knospen der

Weinstock
Treibt, und des Winters Frost weichet dem sonnigen Lenz:
So viel oder noch mehr trinkt Farben die Wolle. Gewisse
Wähle denn aus: nicht ist jede für Jede gemacht.
Schwarz steht schneeiger Haut. Schwarz stand der Tochter des Brises;
Als sie geraubt ward auch, trug sie ein schwarzes Gewand.
Weiß steht dunkeler Haut. Weiß, Cepheus' Tochter, gefielst du.
So warst an du gethan, als du Seríphus betratst.
Wie fast hätt' ich gewarnt, daß gräulicher Bock in die Achseln
Euch nicht komme, nicht rauch strotze von Haaren das Bein!
Aber ich spreche ja nicht zu Mädchen von Caucasus' Felsen,
Oder die Mysiens Strom, wilder Caícus, du tränkst.
Wie, wenn lehren ich wollte, nicht schwarz die Zähne vor Trägheit
Werden zu lassen und früh aus euch zu spülen den Mund?
Weiß auch euch wißt ihr zu machen mit aufgetragenem Wachse;
Die nicht wirkliches Blut röthet, die röthet die Kunst.
Künstlich füllet ihr aus die nackenden Grenzen der Brauen,
Hüllt das natürliche Lid ein in ein niedliches Fell;
Schämt euch zu zeichnen auch nicht mit gestoßener Asche

die Augen,
Oder mit Safran, an dir, schimmernder Cydnus, erzeugt.
Nicht umfänglich, doch groß an Sorgfalt, hab' ich ein Büchlein,
Wo die Mittel ich dar euerer Schönheit gelegt.
Da auch holet euch Rath für verblichene Reize; es wird nicht
Unnütz meine Kunst euren Bedürfnissen sein.
Aber es finde der Mann die Büchsen nicht auf dem Tische
Ausgekramt; dem Gesicht dienet verheimlichte Kunst.
Wen beleidigte nicht ein Gesicht in Schminke getaucht ganz,
Daß sie durch Schwere entschlüpft fließt in den Busen herab?
Warum Ösypgeruch? Und wird er geschickt von Athen auch,
Saft vom unsauberen Vließ ist es genommen des Schaafs.
Offen auch nicht das bereitete Mark zu nehmen der Hirschkuh
Rathe, die Zähne auch euch offen zu putzen ich nicht.
Das giebt Ansehn wohl, doch ist es häßlich zu sehen.
Vieles, das, wann es geschieht, garstig, gefällt uns geschehn.
Myrons Meistergebilde von jetzt hochrühmlichem Namen
Waren untaugliche Last, starrende Klumpen zuvor.
Daß sich gestalte ein Ring, schlägt erst das Gold man zusammen;
Euere Kleidung war schmutzige Wolle vorher.
Als sie entstand, war rauhes Gestein, jetzt edeles Standbild

Venus, die nackend entpreßt triefenden Locken die Fluth.
Auch wann dich man schmückt, magst uns für schlafend du gelten;
Erst mit der letzten Hand lasse dich sehen vor uns.
Wozu weiß ich, woher das Weiß in deinem Gesichte?
Was zeigst roh du das Werk? Schließe die Thür des Gemachs.
Vieles ja darf nicht wissen der Mann, da euere Dinge
Meist anstößig, wofern nicht ihr das Innre verhüllt.
Siehe die goldenen Bilder, die schweben im prächt'gen Theater;
Schaue, wie dünnes Blech da nur bekleidet das Holz!
Gleichwie diesen das Volk nicht nahn darf, ehe sie fertig,
Darf sich auch schmücken das Weib nur nach Entfernung des Manns.
Doch nicht wehr' ich das Haar vor dem Manne zum Kämmen zu bieten,
Daß es dir walle zerstreut über den Rücken hinab.
Hüte zu der Zeit ja vor Allem dich, daß du nicht mürrisch
Seist, und reiße nicht ein oft das geordnete Haar.
Sicher sei die Zofe. Verhaßt ist mir, die mit den Nägeln
Kratzt ins Gesicht und den Arm zornig mit Nadeln zersticht.
Jene verwünscht das Haupt der Herrin, sowie sie es anrührt,
Bei dem verhaßten Haar jammernd und triefend von Blut.
Wache sich stell' an die Thür und laß' in der gütigen Göttin
Tempel sich machen das Haar Eine, die übel behaart.

Einem Mädchen einmal war plötzlich gemeldet ich worden;
In der Verwirrung verkehrt setzte die Haare sie auf.
Feinde betreffe das Loos, so schmählich sich schämen zu müssen;
Und derartiger Schimpf fall' auf die Parthischen Fraun!
Häßlich ist kahles Vieh, das Feld auch ohne Begrasung,
Unbelaubt das Gesträuch, ohne Behaarung der Kopf.
Nicht die Sidonierin, die der fälschliche Stier durch die Fluth trug,
Leda und Sémele nicht kamen zu lernen zu mir.
Hélena nicht, die wieder verlangt nicht dumm Meneláus,
Aber auch du nicht dumm, Troischer Räuber, behältst.
Lehre verlangt nur die Menge, so schöne wie häßliche Mädchen;
Und des Garstigen giebt's Mehr als des Guten doch stets.
Minder um Hülfe der Kunst und Lehren bekümmern sich Schöne;
Schönheit ist ihr Theil, mächtig auch ohne die Kunst.
Wann beruhigt das Meer, dann sorglos feiert der Schiffer;
Schäumt es, so wendet er auf sämmtliche Mittel der Kunst.
Selten jedoch ist frei ein Gesicht von Makeln: verbirg sie,
Und verstecke des Leibs Fehler, soviel du vermagst.
Sitze, wenn klein du bist; sonst scheinst du stehend zu sitzen;
Strecke auf deinem Pfühl aus dich, so lange du bist.
Und damit man auch hier im Liegen dich messen nicht

könne,
Sorge, daß unter dem Kleid bleiben die Füße versteckt.
Eine, die gar zu schlank, muß Hüllen von dickerem Faden
Nehmen, ihr hänge das Kleid schlaff von der Schulter herab.
Bist du blaß, so färbe den Leib mit purpurnen Streifen;
Schwarz, so suche dafür Hülfe beim Pharischen Fisch.
Einen übelen Fuß birg immer in schneeigem Leder,
Und den Banden entnimm nimmer ein mageres Bein.
Dünne Wattirungen sind bei Schultererhöhungen passend;
Um die strotzende Brust schlinge ein Band sich herum.

Fascia, crescentes dominae compesce papillas,
Ut sit quod capiat nostra tegatque manus.
Fascia, halte zurück die wachsenden Warzen der Herrin,
Auf daß unsere Hand fassen und decken sie kann,

Taurino poteras pectus constringere tergo;
Nam pellis mammas non capit ista tuas.
Mit Stierhaut wohl konntest die Brust zusammen du schnüren.
Deine Brüste ja faßt nicht so ein Leder wie dies.

Mit nur geringer Geberde begleite, was immer sie spreche,
Deren Finger zu fett sind und die Nägel zu rauh.
Der aus dem Munde es riecht, die hüte sich nüchtern zu sprechen

Und steh' immer ein Stück ab vom Gesichte des Manns.
Wenn die Zähne dir schwarz, zu groß sind, oder nicht richtig
Stehen; so wirst du viel Schaden durch Lachen dir thun.
Ja – wer sollte es glauben? – es lernen auch Lachen die Mädchen;
Und hierinnen auch sucht man für die Schönheit Gewinn.
Mäßig nur öffnet den Mund, daß kleine Grübchen entstehen;
Und das Zahnfleisch sei stets von den Lippen bedeckt.
Spannet den Leib auch nicht in unaufhörlichem Lachen;
Sanft nur, ich weiß nicht wie, klinge und weiblich der Ton.
Manche verziehn das Gesicht beim Lachen wol bis zur Verzerrung;
Andere weinen, so scheint's, sind sie im Lachen vergnügt.
Heiser erschallt bei Andern und gar unlieblich das Lachen,
Wie bei der Mühle Geknarr häßlicher Esel Geschrei.
Alles durchdringt die Kunst. Anmuthig auch lernen sie weinen;
Wann sie nur wollen und wie, sind sie zu heulen bereit.
Ja, Buchstaben beraubt man sogar des gehörigen Lautes,
Nöthigt zu stammeln die Zung' in dem befohlenen Wort.
Anmuth liegt in dem Fehler, ein Wort schlecht wiederzugeben;
Minder zu sprechen verstehn lernet man, als man verstand.

Auf dies Alles verwendet – es nützt euch – sorgliche Pflege,
Eueren Körper auch lernt tragen mit weiblichem Halt.
Nicht der mindeste Theil der Anmuth liegt auch im Gange.
Männer, euch unbekannt, lockt er und scheucht er hinweg.
Kunstreich wendet sich diese und fängt mit dem flatternden Kleide
Auf die Luft; und gestreckt trägt sie die Füße voll Stolz.
Gleich des Umbrischen Manns rothbäckigem Ehegemahle
Schreitet Jene und macht mächtige Schritte gespreizt.
Aber es sei auch hier, wie überall, Maaß. Es erscheinet
Diese Bewegung im Gang bäuerisch, jene geziert.
Aber der untere Theil der Schulter, der ob're des Armes
Bis an die linke Hand zeige dem Auge sich bloß.
Das steht euch vorzüglich, ihr Weißen. So oft ich das sehe,
Habe die Schulter, soweit möglich, zu küssen ich Lust.
Wunder des Meers, die Sirenen vermochten mit reizender Stimme
Aufzuhalten im Lauf selber das rascheste Schiff.

Als er diese vernahm, da hätte des Sisyphus Sprößling
Fast sich gelöst; mit Wachs waren die Leute verstopft.
Etwas Reizendes ist der Gesang. Lernt singen, ihr Mädchen.
Mancher die Stimme schon war Kupplerin statt des Gesichts.
Singt bald nach, was schon ihr gehört im marmornen Schauplatz,
Bald Gesänge im Ton Nilischer Weisen gesetzt.
Auch in der Rechten den Stab, in der Linken zu halten die Leier

Wisse ein Weib. wie ich wünsche gebildet sie mir.
Felsen bewegte und Wild mit der Leier des Rhódope Sänger,
Den dreiköpfigen Hund selbst und des Tártarus Seen.
Steine durch deinen Gesang, du gerechtester Rächer der Mutter,
Haben zu neuer Stadt Mauern sich willig gefügt.
War er auch stumm, der Fisch, – von Arions Leier bekannt ja
Ist die Erzählung – er hat, glaubt man, den Tönen gelauscht.
Lerne mit doppelter Hand die heitere Harfe auch fegen;
Wohl ist diese zur Lust passend und süßem Gekos.
Kund sei dir des Callímachus Sang und des Cóischen Dichters,
Kund der Téische Sang von dem betrunkenen Greis.
Sappho auch sei dir bekannt – was ist wollüst'ger als diese? –
Und der Väter durch List pfiffiger Geten betrügt.

Roh ist der Lyder, verschmitzt der Gete, der Phrygier weibisch.
Auch die Dichtungen magst du des zarten Propertius lesen,
Oder von Gallus Etwas, oder, Tibullus, von dir;
Auch das von Varro besungne durch goldene Zotteln berühmte
Vließ, zu beklagen im Tod, Schwester des Phryxus, von dir;
Und des Änéas Flucht, Ursprung der erhabenen Roma,
Derengleichen an Ruhm nicht man in Latium kennt.
Auch mein Name vielleicht wird unter diese sich mischen,
Nicht in der Lethe Fluth, was ich gesungen, vergehn.
Mancher gewiß wird sagen dereinst: Lies unseres Meisters
Glatte Gedichte, worin beide Geschlechter er lehrt.
Oder aus den drei Büchern, betitelt die Liebesergüsse,
Wähle, was lesen du magst zärtlich gelehrigen Munds.

Oder man trage auch vor mit gehöriger Stimme die Briefschaft.
Anderen unbekannt, ward sie erfunden von ihm.
Das gieb, Phöbus; o gebt's, ihr heiligen Mächte der Sänger,
Bacchus, geziert mit dem Horn, Göttinnen, neun an der Zahl!
Wer hegt Zweifel, daß Tanzen auch soll verstehen ein Mädchen,
Daß sie beim Weine des Mahls schwenke die Arme nach
Wunsch.
Meister der Leibesgeberden im Spiel der Bühne zu schauen

Lieben wir: so viel hat diese Beweglichkeit Reiz.
Kleinigkeiten nur sind, daß sagen die Würfe der Knöchel
Könne das Mädchen, und was Würfel bedeuten im Spiel;
Die drei Zahlen bald werfe, bald schlau bedenke, auf welchen

Theil sie passend den Satz halte und welchen sie nenn';
Schlecht auch spiele mit nichten der Räuber bedächtige
Schlachten,
Wann in dem Kampf ein Stein zweien der Feinde erliegt,
Und der Streiter den Krieg führt, ohne Gefährten betroffen,
Oft der Gegner zurück läuft den begonnenen Weg.
Auch in ein offenes Netz mag glatte Bälle man schütten,
Und der entnommene Ball darf sich bewegen allein.
Ferner ein Spiel durch saubere Schrift in Striche geordnet
Ebenso viel, als sind Monden im rollenden Jahr.
Je drei Steine enthält auf beiden Seiten ein Bretchen,
Klein steht da ein Bret, mit je drei Steinchen versehen,
Wo an einander zu reihn deine zum Sieger dich macht. –

Wo an einander zu reihn deine zum Sieger dich macht.
Sei auf tausend Scherze bedacht. Nicht scherzen zu können
Schadet; denn scherzend erwirbt Liebe ein Mädchen sich oft.
Aber gering ist die Mühe, geschickt zu benutzen die Würfe;
Größere macht es, der Herr seines Benehmens zu sein.
Während wir achtlos sind und gehen uns lassen im Eifer,
Und im Spiele die Brust offene Blöße sich giebt;
Schleicht sich ein häßliches Übel, der Zorn, ein und die Gewinnsucht,
Hader und Streit und Zank und der bekümmerte Schmerz,
Laut beschuldigt man sich, von Geschrei hallt wieder der Luftkreis,
Und ein Jeglicher ruft Götter, die zürnen ihm, an.
Kein Vertrauen, wo nicht mit Gelübden man geht an die Tafel
Auch mit Thränen benetzt hab' ich oft Wangen gesehn.
Jupiter möge von euch fern halten so schimpfliche Laster,
Wünscht ihr, daß irgend ein Mann finde Gefallen an euch.
Diese Vergnügen nur hat die träge Natur euch gegeben;
Reicheren Stoffes erfreut sich zu vergnügen der Mann.
Der hat Reifen und Speer zum Spiel und die flüchtigen Bälle,
Waffen dazu und das Roß, welches er tummelt im Kreis.
Euch sieht nicht der Campus, euch nicht die kürende Jungfrau;
Nicht in der lieblichen Fluth führt euch der Tuscische Strom.
Doch ist erlaubt es und gut, im Pompejischen Schatten zu wandeln,
Wann der Jungfrau Haupt glüht in dem Sonnengespann.
Nach dem Palatium geht, geweiht dem Apoll mit dem Lorbeer,

Der die Schiffe versenkt vom Parätonischen Strand.
Geht nach den Malen, gesetzt von Schwester und Gattin des Fürsten
Und von dem Eidam, im Kranz prangend des Siegers zur See.
In der Memphitischen Kuh von Weihrauch knisternde Tempel
Geht, und die drei weithin freien Theater besucht.
Schauet den Sand des Plans, rothfleckig von warmem Geblüte;
Schauet das Ziel, das muß glühend umfahren das Rad.
Unbekannt ist, was sich verbirgt, und Niemand begehrt es;
Was nützt schöne Gestalt, wenn sie der Zeugen entbehrt.
Thámyras übertriff in der Kunst des Gesangs und Amöbeus;
Kennt man es nicht, wird stehn wenig in Gunsten dein Spiel.
Hätte nicht dargestellt wo Venus der Coer Apelles,
Gleichwie Venus das Werk und der Ruhm des koischen Meisters

Läge die Göttin versenkt unter den Wellen des Meers.
Was erstreben, als Ruhm allein, die heiligen Dichter?
Dieses Verlangen beherrscht einzig all unser Bemühn.
Sorge der Fürsten vordem und der Könige waren die Dichter;
Hohe Belohnung zu Theil wurde dem alten Gesang.
Heilige Würde besaß und verehrungswürdigen Namen
Sonst der Sänger, und reich flossen die Schätze ihm zu.
Ennius, aus dem Gebirge entstammt Calabriens, – würdig
Ist, Held Scipio, dir er an die Seite gestellt.
Jetzt ist der Epheukranz ruhmlos; und die wachende Sorge,
Die du den Musen geweiht, nennt man vergeudete Müh'.
Doch für den Ruhm zu wachen ist schön. Wer kennte Homerus,

Gäb's das unsterbliche Werk, gäb' es die Ilias nicht.
Dánae kennte man nicht, wenn eingeschlossen sie immer
Und in dem Thurme versteckt blieb in das Alter hinein.
Nützlich euch ist es, dafür, ihr reizenden Schönen, zu sorgen,
Daß ihr den schweifenden Fuß über die Schwelle oft setzt.
Dringt nicht ein in die Herde der Wolf, ein Schaaf zu erbeuten?
Stößt auf der Vögel Schwarm nieder nicht Jupiters Aar?
So aufstelle zur Schau ein reizendes Weib sich der Menge;
Einer aus Tausenden doch wird zu erobern wohl sein.
Aller Orten verweile das Weib, nur bestrebt zu gefallen;
Und ihr ganzes Bemühn sei zu erhöhen den Reiz.
Überall waltet das Glück. Wirf aus nur immer die Angel:
Wo du am wenigsten denkst, steckt in der Tiefe der Fisch.
Oftmals jagen umsonst auf den waldigen Bergen die Hunde;
Und wann keiner ihn hetzt, fällt in die Schlinge der Hirsch.
Weniger konnte wohl Nichts die gebundne Andrómeda hoffen,
Als daß Einem nur je könnte gefallen ihr Schmerz.
Oft bei Bestattung des Mannes erwirbt man sich einen; gelösten
Haares zu gehn und im Blick Thränen, verleihet euch Reiz.
Meidet die Männer jedoch, die prangen mit Pflege und Schönheit,
Die ein geschniegeltes Haar öffentlich stellen zur Schau.
Was sie sagen zu euch, das haben gesagt sie zu tausend.
Bleibenden Sitz nicht hat Amor; er flattert umher.
Was soll machen das Weib, ist glatter der Mann als sie selber?
Dürfte da haben vielleicht mehrere Männer die Frau?
Glauben mir werdet ihr kaum; doch glaubt mir: noch stände auch
Troja,

Kam es den Weisungen nach, die ihm sein Priamus gab.
Manche schwärmen umher mit erlogenem Scheine der Liebe,
Suchen auf solchem Weg schändlicher Weise Gewinn.
Weder euch täusche das Haar, hellglänzend von triefender Narde,
Noch der verengernde Gurt, straff auf die Falten gedrückt;
Noch betrüg' euch die Toga vom feinsten Gespinnste; auch das nicht,
Wenn an den Fingern sich zeigt ein und der andere Ring.
Jener von ihnen vielleicht, der als der geschmückteste auftritt,
Ist ein Dieb; und dein Kleid ist es, für welches er brennt.
Gieb mir das Meine zurück! schrein oft die bestohlenen Mädchen;
Gieb mir das Meine zurück! hallt auf dem Platze es weit.
Diesem Gezänk siehst du aus dem golbenstrahlenden Tempel
Ruhig, o Venus, sehn Appius' Göttinnen zu.
Einige Namen auch giebt's unzweifelhaft bösen Geruches,
Die sich bei Vielen gemacht schuldig getäuschten Vertrauns.
Lernet von Anderer Leid Furcht haben vor eigenen Klagen,
Daß dem betrüblichen Mann nicht sich erschließe die Thür.

Hütet euch, Cecropiden, zu glauben dem schwörenden Theseus.
Götter, bei welchen er schwört, hat er betrogen auch sonst.
Auch Demóphoon, dir, dem Erben von Theseus' Verbrechen,
Schenkt man Glauben nicht mehr, da du die Phyllis getäuscht
Wenn sie tüchtig versprechen, versprecht ihr ebenso wortreich;
Geben sie, gebt auch ihr dann den bedungnen Genuß.
Die kann weg aus dem Tempel die Heiligthümer der Isis
Rauben, auf Vestas Herd löschen die ewige Gluth,

Wolfswurf geben dem Mann, gemischt mit geriebenem Schierling,
Die nach empfangenem Lohn weigert den Liebesgenuß.
Näher zu halten gedenk' ich dem Ziel; straff halte die Zügel,
Muse, und laß dich nicht schleudern vom jagenden Rad.
Würde versucht die Furth mit Worten auf tännenen Bretchen,
Nähme die Dienerin schlau an den gesendeten Brief;
Siehe hinein und entnimm aus den Worten selber, ob ernstlich,
Was du liesest, gemeint, oder geheuchelt nur sei.
Schreib' ihm wieder nach kurzem Verzug; stets reizet das Zaudern
Liebende, wenn der Verzug kürzere Dauer nur hat.
Weder zu leicht versprich dich jedoch dem bittenden Jüngling,
Noch auch schlage ihm ab gänzlich, wonach er verlangt.
Laß ihn fürchten und hoffen zugleich; und so oft du zurückschreibst,
Werde die Hoffnung für ihn fester, geringer die Furcht.
Artige Worte, doch nur alltäglichem Kreise entnommen,
Schreibt, ihr Mädchen; es nimmt ein der gebräuchliche Stil.
Oft war, über die Schrift in Zweifel, erzürnt der Bewerber,
War der barbarische Mund schädlich der schönen Gestalt.
Doch weil, ob es euch auch gebricht an der Ehre der Binde,
Doch zu täuschen bedacht euere Männer ihr seid;
Bringe geschickt den Brief der Magd Hand oder des Burschen,
Und vertrauet nicht an Neulingen euere Gunst.
O wie Manche schon hab' ich von solchem Schrecken erbleichen,
Ewige Sclaverei leiden die Arme gesehn!
Treulos zwar ist der, der aufhebt solche Beweise;

Aber des Ätna Blitz führt er in Händen darin.
Meines Bedünkens ist Täuschung erlaubt, um wieder zu täuschen.

Gegen Bewaffnete ist Waffen zu nehmen gerecht.
Vielerlei Zeichen zu ziehn gewöhne dieselbige Hand sich.
Wehe den Männern, für die Solcherlei rathen ich muß!
Auch nicht ohne zu löschen das Wachs mögt wieder ihr schreiben,
Daß der Hände nicht zwei habe das nämliche Blatt.
Frau von der Schreiberin auch werd' immer genannt der Geliebte;
Der ein Er ist, Sie heiß' er in euerer Schrift.
Doch von Geringerem will den Geist ich auf Höheres richten
Und zu strotzendem Bauch spannen die Segel gesammt.
Schöner Gestalt steht's an, das wüthende Wesen zu zähmen.
Ruhiger Friede geziemt Menschen, dem Thiere der Zorn.
Aufschwellt Zorn das Gesicht, schwarz werden vom Blute die Adern;
Gräßlicher funkelt der Blick als die Gorgonische Gluth.
Weg von mir, weit weg! so viel nicht giltst du mir, Pfeife,
Sprach, als ihr Gesicht Pallas erblickte im Strom.
Auch wenn ihr immitten des Zorns in den Spiegel hineinschaut,
Wird kaum leidlich darin Eine erkennen ihr Bild.
Auch schwell' euere Miene euch nicht von verdammlichem Hochmuth;
Mit sanftmüthigem Blick weckt man der Liebe Gefühl.
Glaubt dem Erfahrenen es, wir hassen unmäßigen Dünkel;
Samen des Hasses enthält öfters ein schweigend Gesicht.
Sieh den an, der dich ansieht; dem Lächelnden lächle

Sanft zu; wenn du empfängst Winke, erwiedere sie.
Hat so vor er gespielt, dann wirft die Rapiere der Knabe
Weg; aus dem Köcher hervor holt er das scharfe Geschoß.
Traurige hassen wir auch. Mag Ajax lieben Tecmessa;
Uns, ein fröhliches Volk, fesselt ein fröhliches Weib.
Niemals würd' ich Tecmessa, noch dich, Andrómache, bitten,
Daß die Eine von euch wäre die Freundin von mir.
Glauben kann ich es kaum, obgleich die Geburt es beweiset,
Daß gelegen ihr seid eueren Männern im Arm.
Nun, es sagte das Weib voll Trauer zu Ajax: mein Leben,
Und was Andres noch sonst pflegt zu erfreuen den Mann.
Warum sollten wir nicht Beispiele von Großem für Kleines
Nehmen und rathen zu thun, was für den Führer sich schickt?
Diesem hat den Befehl von hundert ein tüchtiger Führer,

Diesem die Reiter, die Hut Jenem der Fahnen vertraut.
Ihr auch sehet darauf, zu welchem Gebrauche sich Jeder
Eignet von uns, und stellt Jeden, wohin er gehört.
Schenkungen mache der Reiche, der Rechtsbeflissene helfe;
Und der Clientin Proceß führe des Redners Talent.
Die Gedichte wir machen, uns laßt nur schicken Gedichte;
Wir vor Anderen sind Leute, zu lieben geschickt.
Wir verbreiten umher das Lob der geselligen Schönheit.
Némesis' Name ist weit, Cynthias Name berühmt.
Abend- und Morgenland, sie kennen den Namen Lycóris;
Und gern wüßte man, wer meine Corinna wol sei.
Wisset, auch Hinterlist ist fremd den heiligen Sängern;

Wißt, daß unsere Kunst adelt auch unser Gemüth.
Weder der Ehrgeiz reizt, noch Sucht zu haben uns Dichter;
Wir verachten den Markt, schätzen nur Schatten und Bett.
Aber wir hängen gar leicht und entbrennen in heftiger Wallung,
Bleiben nur allzufest unserer Liebe getreu.
Denn von der friedlichen Kunst wird milder und sanfter das Herz auch,
Und dem Berufe gemäß bilden die Sitten sich aus.
Gegen die Sänger beweist willfährig euch; ihnen ja wohnet
Gottheit innen und sind die Pieriden geneigt.
Gottheit wohnet in uns, mit dem Himmel haben wir Umgang;
Zuweht dieser Geist uns aus ätherischem Raum.
Von den gebildeten Dichtern ist Lohn zu hoffen Verbrechen.
Doch wo scheute sich wohl dieses Verbrechens ein Weib?
Laßt's nicht merken jedoch; tragt nicht an der Stirne die Raubsucht.
Sehn sie das Netz, so stehn neue Bewerber zurück.
Wie der Lenker das Roß, das jüngst den Zügel gefühlt erst,
Nicht mit gleichem Gebiß wie das geschulte regiert;
So nicht geht man den nämlichen Weg, die blühende Jugend
Wie durch der Jahre Gewicht festere Herzen zu fahn.
Hier der Neuling, zuerst in Amors Lager bekannt jetzt,
Welcher, ein frischer Fang, deinem Gemache genaht,
Kenne nur dich allein, sei stets dir einzig ergeben.
Hohes Gehege zu ziehn hat man um solcherlei Saat.
Flieh' die Rivalin; du siegst, so lange allein du ihn fesselst.

Nicht mit Genossen ja theilt Herrschaft und Liebe sich gut.
Dort der alte Soldat wird zögernd und weise nur lieben,
Vieles ertragen auch, was nimmer der Neuling erträgt;
Wird nicht Thüren erbrechen, noch brennen in wüthenden Flammen,
Noch die Gebieterin auch kratzen ins zarte Gesicht;
Noch sein eignes Gewand, noch das der Geliebten zerreißen,
Noch durch Entraufen des Haars Quelle der Thränen ihr sein.
Knaben geziemt solch Thun, die glühen von Jugend und Liebe;
Dieser jedoch erträgt grausame Wunden gefaßt.
Nur in schmauchendem Qualm brennt dieser, wie wäßrige Fackeln,
Wie auf bergigen Höhn eben geschlagenes Holz.
Sicherer ist dies Lieben; nur kurz, doch ergiebiger jenes.
Pflücket die flüchtige Frucht, pflückt sie mit eiliger Hand.
Alles liefer' ich aus, dem Feind aufschloß ich die Thore;
Im treulosen Verrath liege des Wortes Gewähr.
Was zu leicht man gewährt, nährt schlecht nachhaltige Liebe;
Mischen mit frohem Genuß müßt ihr bisweilen den Korb.
Laßt vor der Thür ihn liegen und schrein: O grausame Thüre,
Bald mit Bitten ihn sich, bald sich vernehmen mit Drohn.
Süßes vertragen wir nicht; neu stärke ein bitterer Saft uns.
Oft geht unter ein Kahn, wehet zu günstig der Wind.
Dieses der Grund, der nicht läßt lieben die eigenen Weiber:
Weil es den Männern erlaubt, wann sie nur wollen, zu nahn.
Schließe die Thür', und es sage dir barsch der Hüter: du kannst nicht;

Wird, bist aus du gesperrt, fassen die Liebe auch dich.
Legt die stumpfen Schwerter nun weg und kämpfet mit scharfen.
Meine Waffen gekehrt seh' ich wohl gegen mich selbst?
Während, gefangen erst jüngst, eingeht in die Schlinge der Freier,
Laß ihn hoffen, allein werd' er besitzen dein Bett.
Bald mag Nebenbuhler und Theilung des Bettes er merken.
Ohne Gebrauch der Kunst gehet die Liebe zu Grab.
Gut dann läuft ein muthiges Roß nach eröffneter Schranke,
Reizen es andere an neben und vor ihm zum Lauf.
Selber erloschene Gluth weckt wieder erlittene Kränkung.
Ja, ich kann, ich gesteh's, lieben nur, bin ich gekränkt.
Aber die Ursach sei nicht allzudeutlich des Schmerzes;

Mehr, vermuth' er besorgt, sei es, als wirklich er weiß.
Auch die mürrische Hut reiz' eines erdichteten Sclaven
Ihn und die lästige Sorg' eines zu harten Gemahls.
Minder erfreuet Genuß, der ohne Gefahr uns zu Theil wird;
Seist du wie Thais frei, heuchle Besorgnisse doch.
Laß durchs Fenster ihn ein, ging' auch durch die Thüre es besser;
Und in deinem Gesicht lese er Zeichen der Furcht.
Listig gesprungen auch komme die Magd und rufe: Verloren!
Bergen den Zitternden dann mußt du, wo immer du kannst.
Doch ist auch sorgloser Genuß mit der Furcht zu verbinden,
Daß er für werthlos nicht halte die Nächte bei dir.
Wie den verschlagenen Mann, nicht minder den wachsamen Hüter
Haben zum Besten man kann, wollte berühren ich nicht.
Fürcht', o Gattin, den Mann und laß dir die Wache gefallen.

Dieses geziemt, dies will Ehre und Recht und Gesetz.
Daß man auch dich bewacht, die eben der Stab erst erlöst hat,
Wer ertrüg' es? So laß weihen zum Trug dich von mir.
Mögen auch Augen so viel dich bewachen, als Argus besessen,
Wirst du sie hintergehn, wenn du den Willen nur hast.
Wird im Wege etwa der Hüter dir stehen zu schreiben,
Da man die nöthige Zeit Wasser zu nehmen dir gönnt?
Da Botschaften im Brief kann eine Vertraute doch tragen,
Die an der warmen Brust unter der Binde ihn birgt?
Da sie doch kann das Papier, an der Wade befestigt, verbergen,
Unter gebundenem Fuß tragen die Worte der Gunst?
Sähe der Hüter das vor, so reich' als Papier die Vertraute
Dar den Rücken; die Schrift trage ihr eigener Leib.
Sicher auch sind und entgehen dem Blick Buchstaben mit frischer
Milch; thu Kohlenstaub drüber, so liest du sie leicht.
Auch ein Briefchen, gemacht mit der Spitze des saftigen Leines,
Täuschet und bringt, ganz rein, eine verborgene Schrift.
Wohl dem Acrisius lag's am Herzen, zu hüten die Tochter;
Zum Großvater ihn doch machte des Mädchens Vergehn.
Was soll machen der Hüter, da sind so viele Theater?
Da die Gebieterin schaut Rossegespanne so gern?
Da den Klappern der Pharischen Kuh ergeben sie dasitzt,
Gehet, wohin zu gehn ihren Begleitern verwehrt?
Da von den Tempeln verbannt die Gütige Göttin der Männer
Augen, nur derer nicht, die sie zu kommen bestellt?
Da die Menge der Bäder verbirgt verstohlene Männer,
Während des Mädchens Gewand draußen der Hüter bewacht?

Da, so oft sie es braucht, betrüglich die Freundin erkranket
    Und, so krank sie auch ist, ein doch das Lager ihr räumt?
Da Nachschlüssel uns auch, was thun wir sollen, belehren?
    Auch nicht einzig die Thür Wege zum Kommen erschließt?

Auch mit reichlichem Weine betrügt man die Sorge des Hüters;
    Und es sei das Gewächs selbst von Hispanischem Berg.
Ärztliche Mittel auch giebt's, in tiefen Schlaf zu versenken
    Und zu begraben das Aug' unter Lethäische Nacht.
Gut auch, wenn den Verhaßten zurück mit bedächtigem Schäker
    Hält die Vertraute und ihm zögernd sich selber ergiebt.
Aber wozu Umschweife, wozu so kleinliche Lehren,
    Da mit dem kleinsten Geschenk man ja den Hüter erkauft?
Menschen und Götter – du kannst es mir glauben – gewinnen Geschenke.
    Bringst du ihm Gaben, so wird Jupiter selber versöhnt.
Was soll thun der Thor? Den Weisen auch freuen Geschenke;

Quid sapiens faciat? Stultus quoque munere gaudet.

    Selber der Mann ist stumm, wenn er Geschenke empfängt.
Doch ist einmal nur zu erkaufen der Hüter auf lange;
    Hat einmal er gereicht, reicht er auch öfter die Hand.
Klage führt' ich einmal, man habe die Freunde zu fürchten.
    Diese Klage berührt nicht nur die Männer allein.
Trauest den Freundinnen du, so werden für dich sie genießen;
    Und auf wirst du das Wild haben für Andre gejagt.

Die auch, welche das Bett mit Eifer gewährt und die Kammer,
Ist nicht einmal nur, glaub' es, gelegen bei mir.
Laßt auch bedienen euch nicht von allzureizenden Mägden.
Oft die Stelle bei mir nahmen der Herrin sie ein.
Wohin reißt's Unsinnigen mich? Was biet' ich dem Feinde
Offen die Brust und bin selbst ein Verräther an mir?
Nicht dem Vogler ja zeigt das Vöglein, wo er es fahe;
Nicht dem feindlichen Hund lehret zu laufen der Hirsch.
Sei's um den Nutzen geschehn: das Beginnen vollend' ich getreulich;
Lemnos' Weibern das Schwert geb' ich zu meinem Verderb.
Macht – und es ist nicht schwer – macht, daß wir glauben geliebt uns.
Leicht zu dem Wunsche gesellt Glaube bei Liebenden sich.
Liebevoll blicke das Weib auf den Jüngling und frage, aus tiefster
Brust aufseufzend: Warum, Lieber, denn kommst du so spät?
Thränen auch spare sie nicht und erheuchelten Schmerz ob der Kebsfrau;
Und mit den Fingern erbost kratze sie ihn ins Gesicht.
Alsbald überzeugt, wird selbst Mitleiden er haben,
Sagen bei sich: Der nagt Kummer am Herzen um mich.
Wenn er geschniegelt zumal sein sollt' und dem Spiegel gefiele,
Glaubt er, es könnten in ihn Göttinnen werben verliebt.
Wenn von der Kebsfrau Kunde dir wird, so verliere den Kopf nicht.
Kränkung, wer du auch seist, fechte nur mäßig dich an.
Glaube zu schnell auch nicht. Wie sehr schnell glauben verderblich,

Warnendes Beispiel deß lasset die Procris euch sein.
Nahe den purpurnen Höhn des blütenreichen Hymettus
Ist ein heiliger Quell, schwellender Rasen umher.
Waldung macht nicht hohes Gehölz; Gras schützet der Hagbaum;
Lorbeer, Rosmarin duften und Myrten vereint.
Nicht dichtblätt'riger Bux, Tamarisken gebrechlichen Holzes,
Schmächtiger Schneckenklee fehlt und der Pinie Zier.
Von mild wehenden Westen bewegt und erquicklichem Luftzug,
Zittern die Zweige gesammt. zittern die Halme gesammt:
Cephalus liebliche Ruh'. Die Diener und Hunde entlassend,
Setzte ermüdet allhier nieder der Jüngling sich oft;
Pflegte zu singen: O komm, daß meine Gluthen du linderst,
Komm, o säuselnde Luft, dring' in den Busen mir ein.
Zutrug übel geschäftig dem Ohr der fürchtenden Gattin
Einer getreulichen Munds, was er für Töne gehört.
Procris, hörend von Luft, als wäre es eine Geliebte,
Schwanden die Sinne; und stumm war sie vor plötzlichem Schmerz.
Bleich ward sie, wie, wann von der Rebe gelesen die Traube,
Späte Belaubung erbleicht, welche die Kälte verletzt;
Wie die Quitte, die reif die Äste durch Schwere herabzieht;
Wie die Cornelle, noch nicht recht zum Genusse geschickt.
Als die Besinnung ihr kehrt, da reißt sie die dünnen Gewänder
Ab von der Brust und zerkratzt wild das unschuld'ge Gesicht.
Wüthend mit fliegendem Haar, gleich einer vom Thyrsus gejagten
Bacchin, hinaus alsbald stürzt sie die Straßen entlang.
Wie in die Nähe sie kommt, läßt ihre Begleitung im Thal sie;

Selber mit lauschendem Schritt geht sie voll Muth in den Hain.
Was doch dachtest du, da so unklug du dich verstecktest,
Procris? Und was für Gluth brannt' im betäubten Gemüth?
Kommen nun, glaubtest du, werde die Luft, wer immer sie wäre;
Und du müßtest die Schmach eigenen Auges nun sehn.
Jetzt bereust du dein Kommen – du möchtest nicht sie betreffen –;
Jetzt ist's lieb dir: es kämpft Zweifel und Lieb' in der Brust.
Was sie zu glauben bewegt, ist Ort und Erzähler und Name,
Und daß immer das Herz, was es befürchtet, auch glaubt.
Wie sie niedergedrückt das Gras sieht, Spuren von Körper,
Schlägt das klopfende Herz hoch in der zitternden Brust.
Jetzt schon hatte verkürzt die dünnen Schatten der Mittag;
Gleichweit waren im Raum Morgen und Abend entfernt.
Sieh, aus dem Wald kehrt Cephalus jetzt, des Cylleniers Sprößling;
Und mit dem Wasser des Quells sprengt er das heiße Gesicht.
Procris lauert voll Angst; er wirft sich, wie sonst, auf den Rasen.
Komm, du lieblicher West, ruft er, und Luft du herbei.
Wie sich der Armen ergiebt des Namens erfreulicher Irrthum,
Kehrt die natürliche Farb' ihr und Besinnung zurück.
Aufsteht, um an die Brust des Mannes zu eilen, die Gattin;
Und vorstrebend bewegt hemmende Zweige ihr Arm.
Wähnend, es habe gerauscht ein Wild, greift jugendlich hitzig
Er nach dem Bogen und hält rasch in der Rechen den Pfeil.
Was, Unglücklicher, thust du? Ein Wild nicht ist es; den Pfeil weg!
Wehe, es ist durchbohrt von dem Geschosse dein Weib.
Wehe mir, ruft sie, du hast durchbohrt den Busen der Freundin.
Diese Stelle, sie hat Wunden von Cephalus stets.

Vor der Zeit, doch nicht gekränkt von der Buhlerin, sterb' ich.
  Dies wird, lieg' ich im Grab, machen die Erde mir leicht.
In die als Name verdächtige Luft entströmet der Athem.
  Drücke mit liebender Hand zu mir die Augen im Tod.
Cephalus wäscht mit Thränen die grausame Wunde der Gattin,
  An der trauernden Brust haltend den sterbenden Leib.
Und aus der unvorsichtigen Brust allmählig entströmend,
  Wird von des armen Manns Munde gefangen der Geist.
Aber erneun wir das Werk! Ohn' Umweg müssen wir fahren,
  Daß der ermüdete Kiel endlich den Hafen erreicht.
Freilich, du wartest gewiß, bis auch zu Gast ich dich führe,
  Suchest für diesen Punkt meine Belehrung auch noch.
Komme denn spät, und bei Licht tritt ein mit geziemendem Anstand.
  Zögerst du, kommst du erwünscht. Zögerung kuppelt zumeist.
Solltest du häßlich auch sein, wirst Allen doch schön du erscheinen;
  Deinen Gebrechen auch wird dienen zum Schleier die Nacht.
Nimm mit den Fingern die Speisen; es liegt auch etwas im Essen.
Quod precor, eveniet: sunt quaedam oracula vatum

  Nicht mit schmieriger Hand salbe das ganze Gesicht.
Iß auch daheim nicht erst, und hör' auf, ehe du völlig
  Satt bist; iß etwas weniger, als du vermagst.
Sähe des Priamus Sohn mit Gier die Helena essen,
  Haßte er sie. Mich reut, würde er sprechen, mein Raub.
Passender ist und schickt sich wol mehr für Mädchen zu trinken.

Mit Cupido verträgst, Bacchus, nicht übel du dich.
Dies auch, soweit der Kopf es verträgt, und Besinnung und Füße
Stand dir halten und nicht Einfaches doppelt du siehst.
Häßlich ein Weib, das liegt, von vielem Weine betrunken.
Beischlaf jeglicher Art ist zu erleiden sie werth.
Auch dem Schlaf zu erliegen bei Tisch ist ohne Gefahr nicht;
Vieles geschieht im Schlaf, dessen man schämen sich muß.
Weiteres schäme zu lehren ich mich; die holde Dione
Spricht: Nur mein Werk ist, das man zu lehren sich schämt.
Jegliche kenne sich selbst; von dem Körper die passende Lage
Nehme sie ab. Nicht ziemt Allen die nämliche Art.
Deren Gesicht mit Reizen begabt, die lieg' auf dem Rücken;
Der ihr Rücken gefällt, laß' auf dem Rücken sich sehn.
Trug Atalantens Schenkel Milánion nicht auf den Schultern?
Sind sie gut, so sind so sie zu nehmen gar wohl.
Rittlings sitze die Kleine. Es setzte die Gattin aus Theben,
Weil sie so gar lang war, nie sich auf Hector als Pferd.
Knieend drücke das Lager, zurück den Nacken gebogen,
Die langseitig gebaut fällt in die Augen dem Mann.
Sind die Schenkel voll Kraft, auch frei von Tadel die Brüste;
Stehe der Mann, und sie selbst liege der Quer auf dem Pfühl.
Halte für häßlich auch nicht, das Haar wie die Mutter aus Phyllus
Loszubinden, und so beuge den Nacken zurück.
Du auch, welcher den Schooß mit Runzeln Lucina gezeichnet,
Reite, wie Parther es thun, fliehen sie, rücklings das Pferd.
Viel giebt's Arten der Lust; die leichteste und die bequemste,
Wann halb rücklings gelehnt rechts auf der Seite sie liegt.

Phöhus' Dreifuß wird und der Hörner tragende Ammon
Wahreres, als mein Werk, nimmer verkündigen euch.
Ist zu glauben der Kunst, geübt in langem Gebrauche,
Glaubt, und es wird mein Lied täuschen nicht euer Vertraun.
Tief durchbebe das Weib im innersten Marke die Wollust,
Und es erfreue den Mann gleiches Entzücken mit ihr.
Süßes Geflüster auch höre nicht auf und zärtliche Laute;
Geiles Gerede auch nicht schweige immitten der Lust.
Du auch, der die Natur den Sinn für die Liebe versagt hat,
Gieb mit täuschendem Laut süße Gefühle doch kund.
Unglückseliges Weib, dem *der* Ort ohne Gefühl ist,
Wo der Mann und das Weib sollen genießen zugleich.
Nur nimm wohl dich in Acht, die Verstellung merken zu lassen;
Glaubhaft mache die Lust durch die Bewegung, den Blick.
Daß es dich kitzle, beweise der Laut und der Athem des Mundes,
Heimliche Zeichen noch sonst, die ich verschweige aus Schaam.
Die nach dem Liebesgenuß um Lohn den Liebenden angeht,
Wird sich bescheiden von selbst, daß man die Bitte versagt.
Laß in das Zimmer auch nicht aus dem ganzen Fenster das Licht ein;
Besser verborgen dann bleibt Vieles an euerem Leib.
Jetzt ist zu Ende das Spiel; Zeit ist's von den Schwänen zu steigen,
Welche an ihrem Hals haben gezogen mein Joch.
Wie ihr Männer vordem, so schreibt, mein Völkchen, ihr Mädchen,
Jetzt auf die Beute: Es war Naso der Lehrer der Kunst.